Petite vie
de
Pierre-Julien Eymard

NORMAN B. PELLETIER, s.s.s.

Petite vie de Pierre-Julien Eymard

(1811-1868)

DESCLÉE DE BROUWER

En témoignage d'amour et de gratitude aux membres de ma communauté eucharistique de la province Sainte-Anne,
ainsi qu'aux membres de ma famille,
qui m'ont enseigné les valeurs communautaires,
Lucien et Irène,
Doris, Gerry, Maurice, Pauline.

76 *bis*, rue des Saints-Pères, 75007 Paris
ISBN 2-220-03729-0
ISSN 0991-4439

« J'ai été un peu comme Jacob : toujours en chemin. »

Pierre-Julien Eymard,
Rome, 5 février 1865.

Introduction

Le romancier Morris L. West déclarait qu'il n'aimait pas reconstruire les histoires vraies parce qu'elles contenaient souvent plus de fiction que ses propres romans, et qu'il se méfiait des « ouï-dire » sur les miracles. Il affirmait ensuite qu'un saint est quelqu'un qui, à la fin de sa vie, a réussi à conformer son caractère à celui du Christ ; et il ajoutait que la conformité à l'exemple que nous donne le Christ n'est jamais complète et qu'elle implique de nombreuses blessures et cicatrices. La vie d'un saint est un signe de contradiction.

Ce sont ces paroles qui m'ont guidé dans le récit de la vie de saint Pierre-Julien Eymard. Sans être contradictoire, elle était parfois énigmatique et révélait une personnalité insaisissable et marquée par les échecs et les déceptions, mais aussi pleine de nouveaux départs courageux.

C'est à un large public qu'est destinée cette courte biographie de Pierre-Julien Eymard. Son objectif vise à donner une vue d'ensemble de la vie et de la mission d'un homme qui a souvent été surnommé « l'apôtre de l'Eucharistie ». Fondateur de la Congrégation du Saint-Sacrement — groupe de religieux dont l'objectif est de mettre en valeur l'Eucharistie comme centre de la vie chrétienne — il fonda aussi une congrégation féminine poursuivant le même but, les Servantes du Saint-Sacrement. En outre, durant notre siècle un institut laïc, appelé Servitium Christi, a été créé pour le partage de la spiritualité eucharistique.

Je serai satisfait si cet ouvrage permet au lecteur de mieux estimer l'homme, Pierre-Julien Eymard, et sa mission. J'ai voulu démontrer que, malgré les difficultés, les échecs et une santé très faible, il demeura résolument déterminé à répondre à cette voix intérieure qui, à maintes reprises, l'invita à tout quitter pour se plonger dans des eaux inexplorées. Marchant avec Dieu, il découvrit le chemin d'une plus grande perfection. D'une vie spirituelle orientée vers la discipline, la mortification et l'effort personnel, il fut conduit, au prix de bien des souffrances et sacrifices, à une vie d'amour. Il disait qu'« *il fallait commencer avec l'amour de Dieu et ensuite aller aux vertus par l'amour de Dieu. Cette voie est plus courte et plus noble* ».

Pour le Père Eymard, l'amour de Dieu était concentré, manifesté, rendu accessible dans la sainte Eucharistie et cette vision fut la base de sa spiritualité. En conséquence, l'Eucharistie devint l'essence constitutive de la vie religieuse de ses disciples, tout comme le concile Vatican II allait affirmer que ce saint mystère est l'essence constitutive de la communauté chrétienne elle-même en tant qu'assemblée de louange et Église de service. Davantage par sa vie que par ses écrits (dont nous possédons surtout les lettres de correspondance), le P. Eymard proclama la puissance de l'Eucharistie pour renouveler l'Église et la société. Il en appelait à un renversement des perspectives : « *Je veux faire une révolution dans votre vie spirituelle. On commet souvent une grande erreur en fait de vie spirituelle. On place le négatif avant le positif. C'est tout le contraire qu'il faut faire.* » Et encore : « *Il faut, voyez-vous, faire une révolution dans la chaire... Il faut prêcher, nourrir les âmes... On ne fait que les purger, les purger jusqu'au sang... C'est facile de se fâcher en chaire et de tonner, mais il faudrait nourrir.* »

J'ai tenté de décrire le cheminement d'un homme qui a vécu il y a plus de cent ans dans un contexte culturel, social et politique totalement différent du nôtre. L'unité de l'Italie n'était pas chose faite ; le pape Pie IX, chef temporel des États Pontificaux, avait dû s'enfuir, en se déguisant, et se réfugier au royaume de Naples et ne revint à Rome qu'en 1849 après avoir fait appel à la protection de la France. Cette France, au XIXe siècle, était elle-même pleine de confusion et de complexités. La bataille de Waterloo, en 1814, avait ramené les Bourbons au trône, retour suivi de la Révolution de Juillet et de celle de février 1848 qui mit en place la Seconde République (1848-1852), suivie du Second Empire (1852-1870), avec Napoléon III.

En Irlande, c'était la famine. Un nombre incalculable d'Irlandais, par familles entières, émigraient en Amérique et en Australie, pendant que des milliers d'autres, demeurés au pays, mouraient de faim.

En Angleterre, le Mouvement d'Oxford battait son plein et John Henry Newman se convertit à l'Église catholique en 1845. Aux États-Unis, après la mort de son premier et unique évêque élu en 1815, John Carroll de Baltimore, une flambée de sentiments anti-catholiques provoqua l'incendie d'églises à Boston et à Philadelphie en 1834 et en 1844 ; puis, ce fut la terrible guerre civile de 1861-1865. À cette même époque, la Compagnie des Indes fut dissoute et l'Inde se vit inscrire aux annales comme colonie de la couronne britannique.

En cette période de chambardements, les nations européennes luttaient pour leur identité géographique et politique et peu d'entre elles le firent de manière pacifique. La rupture de l'alliance entre le trône et l'autel provoqua des contrecoups pénibles et longtemps ressentis.

Chaque époque a ses crises politiques, sociales ou religieuses ; cependant, de ces périodes troublées, émergent toujours des figures de proue. En France, le XIXe siècle semble avoir été extrêmement fertile pour l'Église dont plusieurs de ses membres fondèrent des communautés religieuses. Ce siècle vit l'établissement des Oblats de Marie-Immaculée par Mgr de Mazenod, des sœurs du Bon-Pasteur par Euphrasie Pelletier, des religieuses du Sacré-Cœur par Madeleine-Sophie Barat, des Maristes par Jean-Claude Colin, des Petites Sœurs des Pauvres par Jeanne Jugan, pour n'en nommer que quelques-unes. N'oublions pas de mentionner aussi l'ami du P. Eymard, Jean-Marie Vianney, le saint curé d'Ars (1786-1859).

Pierre-Julien Eymard prend place parmi les saints et fondateurs de communautés de « la fille aînée de l'Église ». Cette brève biographie veut lui rendre hommage dans l'espoir que l'Eucharistie, qui l'a fasciné et qui a inspiré sa vie, puisse stimuler notre propre réponse de foi à ce Dieu qui, constamment et puissamment — même s'il le fait parfois en douceur — nous invite à l'amour et au service.

Cet exposé du cheminement spirituel de saint Pierre-Julien ne se veut en rien exhaustif ni être le dernier mot sur le sujet. Cette tâche est laissée à des plumes plus expertes. Les sources de notre travail ont été principalement les deux biographies écrites en français : l'une par le P. Troussier, s.s.s., et l'autre par Mgr Trochu. La vaste correspondance du saint avec les membres de ses deux congrégations, ses nombreux amis laïcs et ses sœurs, constitue une autre source importante d'informations.

Jusqu'à présent, l'étude la plus sérieuse sur les premières années du P. Eymard a été réalisée par le P. Donald Cave, s.s.s. Quant à l'analyse de son cheminement spirituel, on le retrouve dans le travail minutieux du P. Hervé Thibault, s.s.s. Enfin, le P. Lauréat Saint-Pierre a courageusement fait reculer les frontières des études eymardiennes. Le Père André Guitton, s.s.s., vient juste de publier en français la vie complète de saint Pierre-Julien, et récemment en Italie le Père Manuel Barbiero, s.s.s., a écrit une thèse remarquable sur le Père Eymard. Je leur suis reconnaissant d'avoir contribué à ce que saint Pierre-Julien soit mieux compris et mieux aimé.

Je remercie aussi le Père Donald Cave qui s'est assuré avec soin que je ne m'éloigne jamais de l'exactitude historique. Ma gratitude va aussi à tous ceux qui ont encouragé ce travail, en particulier à ceux qui ont compris la nécesssité de raconter l'histoire de Pierre-Julien Eymard dans un style accessible au grand public.

J'aimerais exprimer en particulier mes remerciements à S.A., ermite, à Christine Pache ainsi qu'à Valérie Lemariey qui ont collaboré à la traduction de ce livre en français et, par conséquent, ont rendu possible la publication populaire de la *Petite vie de Pierre-Julien Eymard*.

I

« Je voudrais faire quelque chose de grand
pour glorifier Dieu
et sauver mes frères. »

Pierre-Julien Eymard,
15 septembre 1854.

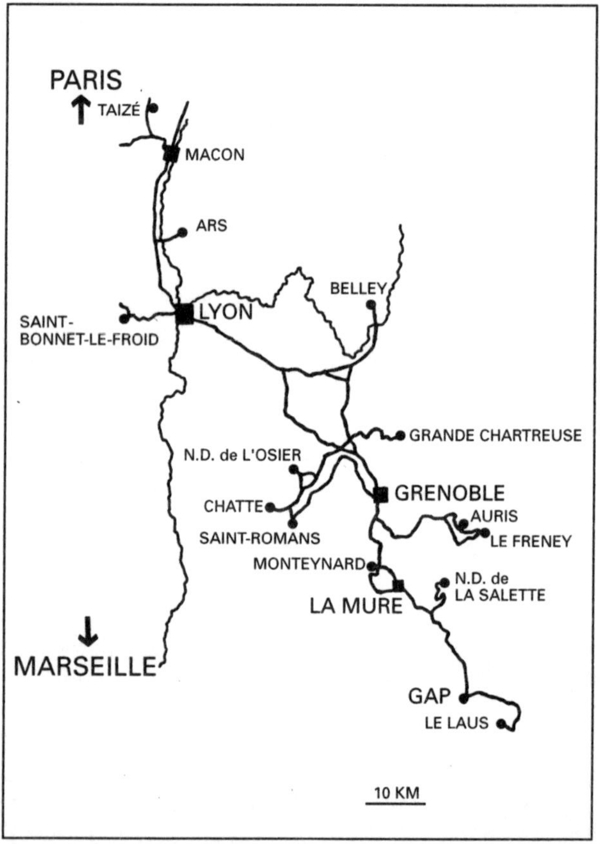
PARIS
TAIZÉ
MACON
ARS
BELLEY
LYON
SAINT-
BONNET-LE-FROID
GRANDE CHARTREUSE
N.D. de L'OSIER
GRENOBLE
CHATTE
AURIS
SAINT-ROMANS
LE FRENEY
MONTEYNARD
N.D. de
LA SALETTE
LA MURE
MARSEILLE
GAP
LE LAUS
10 KM

1

« Toujours en chemin »

Le commissaire de police interpella les spectateurs, leur enjoignant de bien se comporter et d'éviter toute agitation. Momentanément, les protestataires se calmèrent ; mais bientôt, comme une vague prenant de l'ampleur et de la force avant de se briser sur la grève, leurs voix s'unirent dans un seul cri : « *Ne nous enlevez pas notre saint !* »

Les fidèles de La Mure, village niché au pied des Alpes françaises, s'opposaient bruyamment à ce qu'on enlève du cimetière paroissial le corps du Père Eymard. Si la manifestation ne dégénéra pas en violence, c'est grâce à la présence du commissaire de police. Suivant la consigne reçue du maire, il devait à tout prix faire respecter l'ordre public. Le préfet du gouvernement avait déjà fait savoir qu'une police armée interviendrait, si nécessaire, pour prévenir tout désordre civil lors de l'exhumation autorisée des restes du fondateur de la Congrégation du Saint-Sacrement.

Le mouvement d'opposition était mené par le secrétaire même du maire et appuyé par la sœur adoptive du P. Eymard, la seule « parente » qui lui restait ; celle-ci, pourtant, s'était éloignée des lieux pour ne pas assister au pénible événement.

Les disciples du P. Eymard, à la mort de sa sœur Marianne, avaient présenté aux autorités une pétition pour transférer le corps à Paris, où une place spéciale lui était réservée dans la nouvelle chapelle de la maison mère.

Aussitôt que les citoyens de La Mure avaient été informés de cette requête, cela avait provoqué un tollé général. D'une voix unanime, ils avaient dénoncé immédiatement le « vol de leur saint ». Le P. Eymard était né à La Mure et y avait grandi ; il revenait souvent rendre visite à ses sœurs et célébrer la messe dans l'église du village où il avait été baptisé. Les résidents de La Mure le connaissaient personnellement et, en foule, avaient assisté à son enterrement, juste à l'entrée du cimetière de l'église ; maintenant, on était là, à creuser pour sortir la lourde caisse de plomb contenant le cercueil de chêne où se trouvaient les restes de « leur saint ».

Ils étaient bien résolus à ne pas le laisser partir, faisant fi des ordres du maire. Les cris des femmes, des enfants, des travailleurs éclatèrent dès la première pelletée de terre, vers seize heures, et continuèrent, tel un chœur grec qui accompagne la tragédie jusqu'à ce que les restes vénérés quittent la ville, trois heures plus tard. C'était le 27 juin 1877, moins de dix ans après que le P. Eymard eut rendu le dernier soupir.

En 1868, en effet, il était rentré à La Mure, après un pénible voyage de Paris-Vichy-Lyon, malgré la gravité de son état. Et c'est là, dans son village natal, qu'il était mort. Sa vocation sacerdotale et religieuse avait été le résultat d'un long cheminement. Son zèle apostolique l'avait conduit plus d'une fois jusqu'à Rome pour obtenir l'approbation de sa congrégation religieuse nouvellement fondée. Par diligence ou par train, il avait parcouru la France pour y établir des cénacles, centres de dévotion eucharistique. Prêcher sans cesse l'amour de Dieu manifesté dans le Saint-Sacrement, tel était le but de ses éprouvantes tournées de prédication. Et même la mort ne le laissait pas tranquille !

Mais son cheminement spirituel dont ce livre veut aussi vous parler avait été plus important encore. C'est le témoignage d'un homme qui a laissé un héritage de valeurs étonnantes basées sur sa fidélité à la volonté divine. Dieu n'a cessé de le poursuivre à travers l'ardeur de son ministère sacerdotal et dans les sécurités de sa vie religieuse comme Mariste.

La révolte des fidèles de La Mure témoigne de l'affection qu'ils lui portaient mais aussi de la sainteté qu'ils lui reconnaissaient. C'était cette même affection pour leur bien-aimé fondateur qui avait poussé les religieux du Saint-Sacrement à reprendre possession du corps de leur « père spirituel ».

2

Où le voyage n'est qu'un rêve

« Cela m'a coûté cher. »

Grandir à La Mure

Pierre-Julien Eymard est né en 1811 au village de La Mure, dans l'Isère, en France. Il était l'unique enfant survivant du second mariage de son père avec Marie-Madeleine Pélorse. Sa demi-sœur, Marianne, elle-même l'unique enfant qui a survécu au premier mariage vivait avec eux. Les parents adoptèrent plus tard une autre fille appelée Nanette.

M. Eymard était bon travailleur et fervent chrétien. En plus de sa fidélité à ses devoirs de pratiquant, il s'était inscrit dans une association eucharistique à caractère pénitentiel. Il n'y a pas à s'en étonner. L'atmosphère religieuse en France, à cette époque, respirait fortement le jansénisme, mouvement religieux prônant une religion de pénitence, sévère et étroite, qui donnait trop de place au péché, au sacrifice et à la souffrance dans la vie chrétienne.

Une telle approche attirait facilement les chrétiens dont la foi était simple. On peut imaginer comment cette spiritualité pouvait nourrir celle de M. Eymard, lui qui avait tellement souffert de la perte de sa première épouse et de quatre de leurs cinq enfants, et de trois autres enfants, nés avant Pierre-Julien, de son deuxième mariage. La souffrance de tant de deuils lui avait laissé de profondes blessures.

M. Eymard ne fut jamais riche mais parvint à atteindre un niveau de vie respectable grâce à son ingéniosité et à un travail acharné. Quand il commença une nouvelle vie à La Mure avec son épouse, Marie-Madeleine Pélorse, il lutta pour faire vivre sa famille en aiguisant tout genre d'outils. Bientôt, il fut en mesure de louer une pièce dans une maison de la rue du Breuil. Un peu plus tard il acheta l'édifice voisin où il établit un petit pressoir d'huile qui devint assez rentable. Tant et si bien qu'il put engager un homme pour l'aider. L'huile était obtenue en écrasant des noix avec une énorme pierre à broyer activée par un âne. C'était un gagne-pain décent qui lui rapportait suffisamment pour entretenir sa famille : une épouse, deux filles, dont une adoptée, et son dernier enfant, Pierre-Julien, en qui il plaçait tous ses espoirs.

Grandir à La Mure devait être passionnant pour un garçon comme Pierre-Julien. La Mure était à l'époque, et demeure encore, le plus important village des environs, étant donné sa situation et son commerce. À l'époque où le petit Julien courait dans les rues, ce pittoresque village, dont l'horizon est couronné par la majesté des Alpes, devait compter mille cinq cents habitants. Pour aider son père dans l'entreprise, il livrait l'huile aux nombreux clients et il développa ainsi son sens social. La maison familiale comportait un logement au premier étage et des pièces de travail au rez-de-chaussée. Étant donné qu'elle était située sur la rue principale de La Mure, peu d'événements échappaient à cet enfant curieux. En effet, la rue du Breuil était toujours en pleine activité car elle faisait partie de la route reliant Gap, au sud, à Grenoble, ville plus importante au nord.

Napoléon sur la « Grand'Route »

Toute La Mure fut en émoi un jour de mars 1815 quand Napoléon Bonaparte lui-même monta la rue du Breuil en route vers Paris avec ses fidèles grenadiers. Il venait de s'enfuir de l'île d'Elbe. Julien avait alors quatre ans, et se tint à la fenêtre, agitant la main au moment où le grand général passait. Comme il se laissait facilement impressionner, il n'oublia jamais le plumage coloré que certains officiers portaient avec fierté. Et lorsqu'il se mit à jouer aux soldats avec ses amis, il se fit faire par sa sœur un plumet en étoffe pour sa casquette. Or, un jour, voilà qu'il découvrit une vraie plume dans une boutique non loin de chez lui. Il ne put y résister ! Il eut tôt fait de mettre la main dessus et courut à la maison la fixer à sa coiffure. Parmi les petits soldats de La Mure, il serait le mieux vêtu ; ce qui était très important pour lui. On l'avait ridiculisé assez souvent parce qu'il sentait l'huile ! Un vrai plumet ! Mais son enthousiasme fut de courte durée. Avant même d'avoir eu le temps de parader avec sa nouvelle acquisition, voilà que le remords s'empare de lui et il court aussi vite que possible reporter la marchandise volée. Il était très embarrassé d'avoir cédé à son impulsion. Toute sa vie, d'ailleurs, il gardera quelque chose de cette impulsivité.

Pierre-Julien était enfant de chœur à la paroisse comme bien des garçons de son âge. Il était coutume à La Mure que l'enfant de chœur, avant les offices, parcoure les rues principales en sonnant une cloche pour inviter les gens à se rendre à l'église. Celui qui s'emparait en premier de la cloche avait donc ce privilège. Après tout, le sonneur annonçait à tout le village que quelque chose d'important allait commencer. N'étant point timide et par ailleurs toujours inventif, Pierre-Julien s'organisa de façon à toujours être le premier pour la messe du matin. Mais pourquoi se lever très tôt alors que ce serait si facile d'apporter la cloche chez soi la veille ? C'est précisément ce qu'il fit. Il avait trouvé une manière de couper court à toute compétition, sans pagaille.

Comme ses parents et ses sœurs, Pierre-Julien était fervent et fidèle à ses pratiques religieuses. Très tôt, sa mère et ses sœurs l'avaient amené à l'église. Il devint très pieux et on le vit souvent à l'église pour une visite au Saint-Sacrement et une courte prière à la Vierge. Souvent il interrompait travail et livraison d'huile pour faire ses exercices de piété. Quand il s'arrêtait à l'église il déposait sa cruche derrière les fonts baptismaux, de façon à la récupérer en sortant et pour que l'odeur d'huile n'irrite point les gens qui priaient à ce moment-là.

La Mure. Ancienne église (partie conservée)

Semences d'une vocation

Parfois il jouait au prêtre. Quand les filles d'alentour venaient à l'atelier, il les laissait goûter à la pâte de noix à condition qu'elles l'assistent auprès de son petit autel. Alors, en guise de surplis il revêtait un morceau de tissu et se passait une croix au cou. Il prêchait avec enthousiasme quand il avait un auditoire. Déjà, Pierre-Julien exerçait le talent qu'il utilisera plus tard à fond, et à la maison tout le monde s'aperçut de ses premiers pas vers une vocation sacerdotale.

La conception janséniste des sacrements marquée par l'austérité ne permettait pas aux enfants de recevoir l'Eucharistie. Un jour d'hiver, aux premières tombées de la neige, en vue de se préparer pour cet événement, Pierre-Julien et un ami partirent de bon matin pour se rendre à l'église du village voisin dans l'espoir, qu'étant inconnus, ils pourraient se confesser. Ils arrivèrent juste à temps pour servir la messe et le prêtre, impressionné par leur piété, accepta de les confesser. Ce à quoi le prêtre de La Mure n'aurait jamais consenti. Il les trouvait trop jeunes et pas bien préparés pour un si grand sacrement. Ceci était un résidu de la pensée janséniste. Même les plus dévots ne recevaient l'Eucharistie qu'en de rares occasions. Les deux garçons, échappant à la vigilance de leur curé, firent ainsi leur première confession. Bien des années plus tard, devenu prêtre et prédicateur, le P. Eymard insistera : « *Vous venez à la communion pour devenir saint, non parce que vous l'êtes.* »

Enfin, le jour de sa première communion approchait. Ce serait le 16 mars 1823, dimanche de la

Passion, peu après avoir fêté ses douze ans. À la maison, il avait remarqué que les adultes faisaient des sacrifices pendant le carême et jeûnaient au pain et à l'eau avant d'aller communier. Leur ferveur stimulait la sienne. Un jour, alors que la neige couvrait encore le sol, il grimpa pieds nus la petite colline derrière chez lui pour aller prier à ce qu'on appelle encore aujourd'hui « le Calvaire », en raison des trois croix qui s'y trouvent. Mais ses prouesses ascétiques ne lui réussissaient pas toujours. Désirant se passer de nourriture pour imiter le jeûne des plus dévots, ils s'était mis en tête de donner son déjeuner aux pauvres. Hélas, il fut pris en flagrant délit par sa sœur. Ce fut la fin de cette pratique ! Finalement, le jour tant attendu arriva. Pierre-Julien fit sa première communion. Ce fut un moment qu'il n'oublierait jamais, il s'y était préparé avec tellement de soin et depuis si longtemps. Trente ans plus tard, il dira à un ami : « *Quelles grâces le Seigneur m'a faites ce jour-là ; oui, je le crois, ma conversion fut parfaite !* »

Pierre-Julien fréquenta l'école du village. Déjà il manifestait une intelligence vive et de la ténacité dans les études. Il n'avait pas sitôt atteint ses treize ans que son père décida de le retirer de l'école. Il se disait que son fils avait acquis en mathématiques et en écritures plus qu'il n'en aurait jamais besoin pour entretenir et continuer la petite entreprise familiale. Le jeune garçon fut bouleversé. Ni sa mère ni le curé n'osèrent intervenir. M. Eymard était ferme et déterminé. L'attitude de son père demeurait incompréhensible pour l'enfant qui avait pourtant déjà manifesté son désir de devenir prêtre.

D'ailleurs son père avait refusé toute discussion à ce sujet. Mais maintenant que Pierre-Julien avait reçu la confirmation et fait sa première communion, son père aurait dû être en mesure d'apprécier l'authenticité de son attrait pour le sacerdoce. Il était déconcerté du refus de son père et surtout de cette décision de couper court à ses études. Il se posait un tas de questions : ai-je agi de façon répréhensible ? Mon père attendait-il davantage de moi en classe ? Ai-je déçu mon père dans mes tâches à la maison ?

Pèlerinage

Triste et découragé de voir son rêve de devenir prêtre s'évanouir par la décision de son père, il voulut se rendre en pèlerinage au sanctuaire de Notre-Dame du Laus situé à une cinquantaine de kilomètres. Il prit le chemin le long du Drac en passant par le village de Corps. Avant d'arriver à Gap il quitta la route du fleuve et se dirigea vers le sud-est jusqu'à ce qu'il aperçoive le sanctuaire. Quand il l'atteignit il entra dans l'église pour épancher son âme aux pieds de la Vierge.

Cet endroit était devenu populaire à cause d'une apparition de la Sainte Vierge à une jeune paysanne à la fin du XVIIe siècle. Et depuis peu, le soin pastoral du sanctuaire avait été confié aux Oblats de Marie-Immaculée. Un certain Père Touche, prédicateur de renom, se trouvait à l'église à ce moment-là. L'adolescent de treize ans n'avait pas sitôt fini de confier à Marie ce qui lui brisait le cœur que le missionnaire, l'ayant aperçu, l'appela. Se demandant toujours dans quelle mesure il pouvait être responsable de la décision de son père, Pierre-Julien persuada le prêtre de l'entendre en confession. Il lui raconta tout. Le P. Touche n'était pas homme à se laisser impressionner facilement, mais il y avait quelque chose de spécial chez ce garçon. Sa sincérité, son innocence, son authentique piété, c'en était assez pour convaincre le père Oblat que celui-ci ne devait pas abandonner son projet. « *Mais mon père ne me donnera pas la permission* », insista-t-il. « *Il n'y a pas de mais ! Et tu dois commencer à apprendre le latin. En plus, tu dois recevoir la communion tous les dimanches.* » Ainsi naquit une amitié qui devait durer toute la vie.

C'était aussi l'affermissement d'une autre amitié, laquelle avait déjà commencé plus tôt à La Mure mais qui maintenant prenait de solides racines en Pierre-Julien : l'amour de la Vierge Marie vers qui il s'était tourné dans sa peine et son désarroi. Elle l'avait entendu et lui avait répondu. Cette dévotion grandira et s'approfondira au fil des années. La Sainte Vierge aura un rôle important non seulement lors de sa vocation sacerdotale, mais aussi tout au long de sa vie.

Pierre-Julien revint à la maison heureux et convaincu qu'il devait poursuivre son rêve de devenir prêtre, mais sans comprendre les raisons du refus de son père. Rien d'étonnant à ce qu'un jeune de treize ans ne puisse saisir le souci d'un père qui avait mis ses espoirs en son fils unique pour assurer l'avenir de la famille. Le refus de son père était toujours le grand obstacle à surmonter. Pour le moment, il pouvait satisfaire son père en remplissant bien ses tâches ; ainsi, son père ne serait pas alerté sur ce qu'il avait maintenant l'intention de faire. À l'occasion de ses courses en ville, Pierre-Julien avait rencontré des garçons qui étudiaient le latin au collège. Auprès de l'un d'eux il s'enquit de ce dont il aurait besoin pour entreprendre l'étude du latin. Avec la complicité de sa mère il acheta une grammaire latine.

Pendant plus de deux ans le jeune homme s'efforça d'apprendre le latin en cachette. Au cours des vacances d'été, il profitait de la présence des séminaristes pour leur montrer son travail et faire corriger ses exercices. Seuls sa mère et l'employé de son père savaient ce qu'il mijotait. Aussitôt que son père laissait la boutique, Pierre-Julien sortait sa grammaire et faisait quelques exercices ou mémorisait conjugaisons et déclinaisons. L'employé ne dévoila jamais son secret.

C'était tout un défi que d'être à la fois attentif à ses tâches et fidèle à ses études. Un tel comportement chez un jeune de cet âge dénote une force énorme de caractère, de détermination et un haut niveau de motivation. C'est ainsi que, même privé d'encouragement, Pierre-Julien demeura fidèle jusqu'au jour où il crut opportun de confesser à son père ce qu'il faisait depuis deux ans. Un jour il posa la question du retour à l'école. « *Jamais*, répondit son père, *cela coûte trop cher !* » Le fils comprit qu'il était parfaitement inutile de discuter, surtout quand la question d'argent si durement gagné entrait en jeu. Il n'était même plus question d'y penser. Rien ne serait versé pour l'éducation.

Pierre-Julien ne se laissa pas intimider par ce refus. Il n'allait pas laisser tomber deux ans d'efforts persévérants à apprendre le latin sans réagir. Il n'était nullement question d'abandonner son projet de vocation à la prêtrise. Après tout, tel père, tel fils ! Chez le fils se retrouvait cette force de caractère dont M. Eymard lui-même avait fait preuve en devenant par ses propres moyens un petit entrepreneur respecté, ayant commencé pratiquement à zéro en arrivant à La Mure. Pierre-Julien allait bientôt avoir seize ans et prenait de l'autonomie. Il releva le défi.

Retour à l'école

L'adolescent prit sur lui de s'enquérir auprès d'amis proches du maire de La Mure sur la manière de s'y prendre pour obtenir l'une des trois bourses disponibles pour les pauvres de la ville. Il fit la demande et la bourse lui fut accordée. Mais se faire instruire grâce à une bourse réservée aux pauvres ne faisait pas l'affaire du directeur du collège. « *Ils ont une entreprise familiale et ne sont pas du tout dans le besoin* », réagit le directeur en apprenant la nouvelle. Très désavantagé au départ, Pierre-Julien étudia durement et, très tôt, rejoignit ses camarades. En peu de temps il dépassa même certains d'entre eux. Une telle réussite dut lui donner un sentiment de grande satisfaction personnelle.

De la part du directeur, toutefois, aucun encouragement. Il était tellement contrarié de ce que Pierre-Julien bénéficie d'une bourse réservée aux pauvres qu'il ne manquait aucune occasion de le lui rappeler. Non seulement il ne payait pas ses études, mais il les faisait aux frais de quelqu'un d'autre. Le souvenir de cette pénible expérience ne le quitta jamais. Des années plus tard, en se rappelant cette période d'études, il reconnaissait : « *Je sais ce que cela m'a coûté. Je fus méprisé, humilié bien souvent. Le directeur me fit payer au centuple mes mois d'études. Au lieu de me laisser aller en récréation, il me faisait allumer son feu, balayer sa chambre et l'étude, et mille autres choses, qui ne me rappelaient que trop que j'étais un des trois pauvres.* »

Pierre-Julien n'était pas le seul à souffrir. Son père ne pouvait plus supporter l'humiliation d'être considéré comme indigent. Dans un village comme La Mure, cela devint vite un fait notoire que le fils d'un homme d'affaires respecté se faisait payer ses frais scolaires. Aussi, un beau jour, M. Eymard se rendit au collège pour se défouler auprès du directeur. « *Reprenez votre fils* », rétorqua celui-ci. Une fois de plus Pierre-Julien se retrouva au pressoir. Il reprit son travail et la livraison des commandes d'huile aux clients.

Un jour un prêtre vint à La Mure en visite dans sa parenté. Ce prêtre cherchait un jeune homme pour travailler à sa résidence et à son bureau dans un hôpital. Pierre-Julien l'approcha et le gagna à sa cause pour qu'il obtienne de son père de le laisser partir avec lui pour Grenoble, où il aurait chambre et pension et quelques leçons de latin. C'est probablement l'autorité du prêtre qui finalement convainquit M. Eymard de laisser partir son fils, car il aurait préféré le voir à ses côtés prendre goût à l'entreprise qu'il espérait lui léguer.

Désillusions et pertes

Malheureusement, la situation à Grenoble n'était pas précisément celle qu'on avait promise au jeune homme et encore moins celle qu'il avait imaginée. Le prétendu hôpital dont le prêtre était chapelain n'était rien moins qu'un asile d'aliénés. Et comme l'aumônerie était seulement une part des fonctions du prêtre, celui-ci n'eut jamais le temps de lui donner ses leçons de latin tant espérées. Il était ni plus ni moins abandonné à lui-même.

Une fois son travail terminé, Pierre-Julien devait étudier par lui-même à partir de livres empruntés à la bibliothèque. Cet horaire le tint occupé pour un temps, mais bientôt ce jeune de dix-sept ans se sentit découragé et seul, n'ayant personne à qui se confier. Personne non plus pour corriger ses exercices de latin. L'ambiance de l'asile n'avait rien pour lui remonter le moral. Cependant, même s'il n'était pas heureux, ses études en vue de la prêtrise l'encourageaient. Il était tellement convaincu de l'appel de Dieu qu'il était résolu à surmonter toutes les difficultés. Il était prêt à sacrifier confort et amis pour avancer sur cette voie que le P. Touche avait confirmée au sanctuaire de Notre-Dame du Laus. Le souvenir de cet événement le soutenait et il se le rappelait souvent dans la prière.

Un jour, alors que Pierre-Julien traversait la cour de l'asile, le directeur, ignorant que le jeune homme n'avait pas été prévenu, lui dit sans préambule : « *Eh bien, pauvre petit, ta mère est donc morte !* » Il resta saisi. Avait-il bien entendu ? Il en avait le souffle coupé. Le fait d'apprendre la mort de sa mère comme ça, « en passant », le laissa ébahi. C'est seulement une fois rendu à la chapelle qu'il put éclater en sanglots. Il implora la Sainte Vierge de devenir sa mère *« dès ce jour d'une manière toute spéciale »*.

Il partit immédiatement pour La Mure. Quand il arriva chez lui sa mère était déjà ensevelie. Son père l'accueillit dans les larmes avec la tristesse d'un homme qui a déjà enterré trop des siens. Pierre-Julien savait qu'il lui serait plus que jamais difficile de partir. La peine de la perte de sa seconde femme laissait M. Eymard dans un profond sentiment de solitude qu'il ne voulait pas accroître en laissant son fils le quitter. Une fois encore, Pierre-Julien reprit sa place au pressoir. Même si tous deux pleuraient la même perte, leur douleur ne fut jamais partagée, elle resta personnelle à chacun. Quant au projet de prêtrise, c'était un nouveau deuil. Mais dans son cœur le jeune homme savait que la poursuite de son idéal était seulement remise à plus tard et non pas annulée.

En attendant, la vie continuait aussi normale que possible à La Mure pour Pierre-Julien, son père, Marianne et Nanette. À mesure que les mois passaient, M. Eymard prenait pour acquise la présence de son fils à ses côtés. Mais s'il s'imaginait que celui-ci s'était réconcilié avec l'idée de marcher sur les traces de son père, il fut grandement surpris lorsqu'un soir un père Oblat, qui avait prêché la retraite du Carême à la paroisse, arriva à la maison demandant la permission pour Pierre-Julien d'entrer au noviciat de leur communauté. Ce fut le dernier combat de M. Eymard pour garder son fils près de lui. Il comprit que cette bataille avait déjà trop duré et qu'il n'avait aucune chance de gagner. Son fils avait maintenant dix-huit ans et savait ce qu'il voulait. Il l'avait toujours su. Il n'y aurait plus de résistance devant l'appel évident de Dieu. Il était trop persistant et surtout trop exigeant pour être simplement un caprice d'adolescent idéaliste. À peine remis de la mort de sa femme, Dieu lui demandait de lui céder son fils. Eh bien, soit, il le lui donnerait.

Après une brève visite au sanctuaire de Notre-Dame du Laus, Pierre-Julien revint à la maison pour faire ses adieux à son père et à ses sœurs. Le 7 juin 1829, il revêtit l'habit religieux des Oblats de Marie-Immaculée à leur noviciat de Marseille. Il y était très heureux. Enfin, pensait-il, un chemin assuré vers la prêtrise ! Il ne se doutait pas du tout que Dieu avait d'autres projets.

Après cinq mois de noviciat Pierre-Julien tomba malade. D'abord, il se plaignit de maux de tête et ensuite de fortes douleurs à l'estomac. Le médecin consulté, incapable de diagnostiquer la maladie, lui fit deux saignées qui le rendirent plus faible encore, après quoi il le déclara incurable. Pierre-Julien fut renvoyé chez lui pour y mourir. En plein hiver, on l'installa en diligence avec ses bagages pour un trajet de plus de deux cent cinquante kilomètres et, comble de malheur, les frais étaient payables à l'arrivée !

Il arriva chez lui exténué dans des conditions laissant peu d'espoir. Son père était atterré. Marianne et Nanette le soignèrent au lit pendant des mois. Petit à petit son état s'améliora. C'est pendant ce temps de convalescence que Pierre-Julien apprit à jouer du violon, instrument dont il allait se servir plus tard pour se détendre. À mesure que sa santé s'améliorait la vie redevenait normale dans la maison. Tout doucement il recouvra son indépendance et put suffire à ses propres besoins. C'est probablement à travers cette expérience que se développa chez Marianne et Nanette, qui l'avaient soigné jour après jour, cet instinct fort maternel contre lequel leur frère dut combattre dans les années suivantes.

Un jour, alors que tout semblait s'améliorer, M. Eymard lui-même se sentit sérieusement malade. Pierre-Julien et ses sœurs furent les tristes témoins de la détérioration de cet homme fort robuste. Il déclina très rapidement et mourut dans les bras de son fils le 3 mars 1831. Il avait soixante-cinq ans. Pierre-Julien, Marianne et Nanette pleurèrent la perte de leur père comme ils l'avaient fait deux ans plus tôt pour leur mère.

3

Où le voyage commence

« Dieu m'appelle aujourd'hui,
demain ce serait trop tard. »

Séminaire et sacerdoce

À la mort de son père, Pierre-Julien hérita de la maison et de l'entreprise familiale. Ni l'une ni l'autre ne l'intéressait. Son seul souci, comme toujours, était de continuer ses études en vue de la prêtrise. Il laissa son héritage entre les mains de sa sœur Marianne âgée de trente-deux ans.

Peu de temps après, il demanda à être admis au séminaire diocésain de Grenoble, pensant que peut-être ce régime de vie, plutôt que les rigueurs d'une communauté religieuse, conviendrait mieux à sa pauvre santé. Comme il n'avait pas suivi d'études régulières, les autorités du séminaire exigeaient une recommandation du curé de sa paroisse. Ce que Julien pensait être une simple formalité faillit tourner à la catastrophe. Quand il vint au presbytère demander au prêtre cette recommandation il fut reçu très froidement. Le curé lui dit qu'un tel document requérait réflexion et que la lettre en question serait livrée chez lui en temps opportun. Pierre-Julien et sa sœur Marianne en conclurent immédiatement que cet appui pourrait bien s'avérer négatif puisque le curé avait des hésitations sur un jeune homme dont il connaissait bien la famille, et dont il venait tout juste d'enterrer les parents. Quand la lettre arriva à la maison, elle fut jetée au feu. Il tenterait sa chance sans elle.

Plaçant sa confiance en Dieu et dans la Vierge Marie, il partit pour Grenoble. À son arrivée, il se rendit à l'église près du séminaire en se demandant s'il avait bien fait de détruire la lettre du curé, et si les autorités du séminaire l'accepteraient sans cette recommandation. Son cheminement vers le séminaire avait été long, pénible, et rempli de déceptions. Était-ce un rejet final qui l'attendait ? Allait-il être renvoyé chez lui par la prochaine diligence portant en son cœur la blessure d'un rêve anéanti ? Il déposa son fardeau aux pieds de la Sainte Vierge. Anxieux mais résolu, il sorti de l'église près à accepter ce qui l'attendait.

Or, sur les marches de l'église, qui rencontre-t-il ? Nul autre que Mgr de Mazenod, le fondateur des Oblats. C'était lui qui l'avait accueilli au noviciat de Marseille deux ans plus tôt. Il fut surpris de retrouver ce jeune encore vivant et à Grenoble. Pierre-Julien lui raconta tout ce qui s'était passé depuis Marseille et son désir d'entrer au séminaire diocésain. « Venez, je dirai à ces messieurs du Séminaire tout le mal que je sais de vous », dit-il avec humour. Sur la recommandation de cet évêque, Pierre-Julien fut admis sans difficulté, et il reconnut en cet événement providentiel l'intervention de Marie qui s'était faite attentive à ses prières.

Pierre-Julien suivit le cours régulier des études théologiques avec les autres séminaristes poursuivant le même idéal. S'il ne se distingua pas par ses succès académiques, il travailla fort et parvint à une bonne moyenne. Ce jeune homme fort résolu semblait avoir trouvé une paix intérieure et avoir modéré ce zèle qui avait contribué à ruiner sa santé ; une santé qui restera toujours fragile et dont il souffrira toute sa vie. Néanmoins, pendant son séjour au séminaire, il sut garder un certain équilibre entre études et repos, de façon à ne pas compromettre ses chances de parvenir à l'autel.

Après trois ans de formation théologique et spirituelle, Pierre-Julien fut ordonné le dimanche 20 juillet 1834 par l'évêque de Grenoble, Mgr de Bruillard. Le lendemain de son ordination, il partit seul pour le sanctuaire de Notre-Dame de l'Osier à quelque vingt kilomètres au sud-ouest de la ville. Le mardi 22, il célébra sa première messe à l'autel de la Sainte Vierge. Pourquoi ce sanctuaire ? On penserait que, pour célébrer cet événement si important et si longtemps attendu, le jeune abbé aurait choisi sa paroisse natale ou Notre-Dame du Laus, où sa marche vers le sacerdoce avait commencé dix ans plus tôt aux pieds de Marie avec l'encouragement décisif du Père Touche. La communauté oblate fut déterminante pour Pierre-Julien dans le choix de Notre-Dame de l'Osier pour sa première messe. Ce sanctuaire était confié aux Oblats et le prêtre en charge n'était nul autre que l'ancien directeur du noviciat de Marseille. Celui-ci venait d'être assigné à cette fonction avec un autre père Oblat qui avait été novice en même temps que Pierre-Julien.

Pourtant, si celui-ci avait décidé de venir à l'Osier, ce n'était pas pour renouer des liens d'amitié ni pour un motif de dévotion. Rien n'indique, en effet, qu'il ait eu une prédilection pour ce sanctuaire. De toute évidence, il venait avec l'idée de renouer ses liens avec la communauté oblate et espérait recevoir l'encouragement de ses amis oblats. Il n'avait pas invité ses sœurs à l'accompagner, car si jamais elles étaient mises au courant de son projet de rejoindre les Oblats, il sentait bien qu'il ne pourrait pas résister à leurs supplications de demeurer dans le diocèse sous leur vigilance.

Les semaines passaient et il n'était toujours pas rentré à La Mure. Sa sœur Marianne le connaissait assez bien pour commencer à se douter de quelque chose. Aussi fit-elle part à l'évêque de ses inquiétudes. Le 23 août, un mois après sa première messe, le jeune abbé reçut une lettre de son évêque lui enjoignant de se rendre à La Mure pour se reposer un peu avant d'être assigné à une paroisse du diocèse. L'évêque répondait ainsi à la requête de ses sœurs veillant avec un souci maternel à la santé précaire de leur frère. Entre-temps, les supérieurs Oblats avaient décidé de ne pas donner suite à sa demande d'être réadmis dans leur communauté. Pierre-Julien revint donc à La Mure, et attendit une nomination de l'évêque. Il accepta tous ces événements comme étant la volonté de Dieu et demeura à la maison jusqu'en octobre. L'évêque lui écrivit alors de nouveau lui demandant d'aller à Chatte, un village non loin de l'Osier, pour seconder le curé comme vicaire. Le dimanche 26 octobre, il célébrait pour la première fois dans l'église paroissiale de Chatte. Il avait vingt-six ans.

Chatte et Monteynard

Chatte est un village situé au sud de Grenoble non loin de l'Isère, un affluent du Rhône. C'était une paroisse d'environ deux mille âmes. Ici, comme prêtre nouvellement ordonné, Pierre-Julien s'adonna à toutes les tâches dévolues à un vicaire de paroisse. Il prêchait, confessait, enseignait le catéchisme et célébrait la messe, souvent à l'autel de la Vierge. Des témoins attestèrent de sa piété, de sa dévotion, et du fait qu'il passait beaucoup de temps à l'église devant le tabernacle, où on le voyait fréquemment en train de composer ses sermons. Souvent il était gagné par l'émotion en présidant le chemin de la Croix. Une fois, il dut même quitter la chaire, étant incapable de terminer son sermon.

Sa santé demeurait fragile. Il devait parfois s'aliter et il lui arriva de cracher du sang. En voyant cela, la ménagère, sœur du curé, n'était pas du tout enchantée de garder ce malade au presbytère. Elle craignait qu'il eût contracté la tuberculose (ce qu'il avait eu probablement à Marseille et dont il avait falli mourir à La Mure) et elle avait peur d'être contaminée. Le curé ne pouvant endurer ses constantes remarques fut finalement contraint de résoudre le problème. Ainsi, après avoir servi deux ans et demi à Chatte, Pierre-Julien fut nommé curé d'une petite paroisse non loin de La Mure en juillet 1837. L'évêque écrivait :

« M. le curé de La Mure vous réclame pour la paroisse de Monteynard. J'acquiescerai volontiers au vœu qu'il m'exprime. Voyez, cher ami, si votre santé n'y met point

obstacle. Le climat n'est pas froid comme celui de La Mure, et je suppose que Mademoiselle votre sœur, se réunissant à vous, aurait bien soin de votre santé. Si vous acceptez, partez de suite, et dites à M. le curé de Chatte que vous serez promptement remplacé. »

De toute évidence, les sœurs Eymard toujours soucieuses de leur frère, avaient elles aussi influencé leur curé afin que l'évêque place leur frère proche d'elles et qu'ainsi elles puissent l'avoir à l'œil.

Dès qu'il reçut la lettre de l'évêque il prépara son départ. Il passa chez lui à La Mure et il fit une courte retraite à Notre-Dame du Laus avant de prendre en charge la paroisse de Monteynard. Cette visite à La Mure lui permit de veiller au déménagement de ses sœurs pour Monteynard. Ils y arrivèrent avant la fin du mois.

Curé en paroisse

Monteynard est situé à quelques kilomètres au nord-ouest de La Mure et se trouve perché sur une colline qui offre une vue spectaculaire sur la vallée où serpente le Drac. Ce village ne comptait alors qu'environ quatre cent cinquante paroissiens, sans prêtre résident. L'arrivée de l'abbé Eymard fut saluée avec enthousiasme. L'église, abandonnée depuis un certain temps, était délabrée. Le jeune curé se mit résolument à l'œuvre, et invita ses amis de Grenoble à contribuer à sa nouvelle mission. Avec leur aide, il put acheter de nouveaux vêtements liturgiques et même une cloche ! Grâce à la

Monteynard

générosité des moines de la Grande Chartreuse, il put remplacer le maître-autel par un autre en bois doré. Il acheta à bas prix une statue de la Vierge, de son ancien curé de La Mure. Les paroissiens étaient tout impressionnés. Quant à l'aménagement du presbytère, ses sœurs avaient apporté de chez elles tout le nécessaire.

Comme il l'avait été à Chatte, le jeune curé continua d'être prodigue de son avoir, tout comme de l'argent réservé à l'épicerie, et que ses sœurs croyaient en sécurité et bien caché. Elles durent même le réprimander d'avoir donné certains de leurs vêtements personnels à des itinérants venus mendier. L'armoire contenant le nécessaire prévu pour le prochain repas fut souvent trouvée vide.

Il aimait visiter les malades et s'informer de leurs maux. Ayant acquis une excellente connaissance de la valeur médicinale de certaines plantes locales, il apprenait aux intéressés à les reconnaître, à les préparer et à les utiliser. Une fois, il prit le temps de catéchiser un sourd-muet jusqu'à ce qu'il soit prêt pour la première communion. Guidé par son sens pastoral, il voulut s'adapter aux ouvriers en les invitant le soir à venir se confesser au presbytère. Certains restaient jusqu'à vingt et une ou vingt-deux heures. Pour se reposer de ses charges paroissiales épuisantes, il jouait du violon et il se permettait aussi de prendre un peu de tabac à priser.

On raconte comment il aida un jeune couple non marié, vivant dans une masure, en leur procurant d'abord un logement convenable. Quelque temps après, il bénit leur mariage. Un autre exemple de sa sollicitude pour ses paroissiens est le fait qu'il restaura une petite chapelle dans un coin du village. Ceci permit aux paroissiens de pouvoir participer plus facilement aux services religieux sans être obligés d'aller à l'église paroissiale située à une certaine distance. Il se servait de cette chapelle surtout pendant le Carême, et au mois de mai pour les dévotions mariales. Les paroissiens de Monteynard l'aimaient et lui était heureux parmi eux. Le programme qu'il conçut pour le catéchisme des enfants représente un aspect très intéressant de son ministère paroissial. En effet, il leur lisait des histoires de la Bible qui captivaient leur imagination et cela servait aussi d'introduction aux leçon de religion destinées aux adultes qui accompagnaient les enfants.

L'abbé Eymard venait à peine d'entrer dans ses nouvelles fonctions à Monteynard, quand le Père Touche, son vieil ami et confesseur de Notre-Dame de Laus, l'informa de l'existence d'une communauté religieuse nouvellement fondée, appelée Société de Marie. Cette nouvelle ralluma en lui une vieille flamme. Après deux faux départs avec les Oblats, il pouvait de nouveau retourner à son rêve d'entrer dans une communauté missionnaire. Sans tarder, il se rendit à Lyon, pour parler au P. Colin, le supérieur et fondateur des Maristes. À son retour à Monteynard, il écrivit à son évêque, Mgr de Bruillard, pour être relevé de ses obligations diocésaines dans le but de se joindre à cette communauté naissante. En attendant la réponse de l'évêque, il écrivit à son ami le P. Dumolard. La lettre est datée du 4 octobre 1838.

« Il me semble qu'une fois convaincu de ma vocation, rien ne m'arrêtera. J'ai déjà fait deux fois ce sacrifice [à Marseille et à Notre-Dame de l'Osier], sans pouvoir jamais le conduire à terme. J'espère que la troisième fois sera éternelle ; quand bien même je saurais devoir mourir en chemin, et que j'en serais heureux ! »

La réponse de l'évêque arriva :

« Je crois, mon cher ami, que le bon Dieu vous veut dans nos missions diocésaines. Ne vous occupez donc qu'à préparer votre esprit par l'étude, et votre cœur par l'oraison, l'humilité et le détachement du monde à l'œuvre importante dont Dieu tire tant de gloire. Fortifiez aussi votre santé. Il faut une grande âme et une santé robuste pour les missions. »

L'évêque insistait pour dire que s'il voulait du travail missionnaire, il pouvait en trouver dans le diocèse. De son côté, le P. Colin lui écrivait : « *J'approuve beaucoup la bonne pensée que vous avez de vous regarder comme au noviciat.* » Le jeune abbé se trouvait devant un dilemme. Il aurait bien aimé rejoindre les Maristes, mais son évêque ne le laisserait pas partir. Il ne voulait pas passer pour un obstiné auprès de son supérieur, mais cette attraction pour la vie missionnaire était revenue avec une telle vigueur qu'il ne pouvait l'ignorer. De nouveau, le 4 mai 1839, le P. Colin lui écrivit :

« Les oppositions que Dieu fait naître, oppositions d'autant plus pénibles qu'elles sont plus respectables, serviront à aiguiser votre courage. Revenez à la charge auprès de Monseigneur avec respect. Dieu vous exaucera. »

Mais avant de tenter une seconde fois sa chance, il prépara le terrain en obtenant l'appui du vicaire général, prêt à plaider en sa faveur. Il pouvait maintenant affronter son évêque. Il lui adressa une humble requête :

« Donnez, Monseigneur, à la Société de Marie, comme prémices de votre diocèse, ce pauvre prêtre qui ne vous sert de rien et qui est faible comme un roseau. La Sainte Vierge vous saura gré de cette légère offrande, toute modique qu'elle est. »

La réponse de l'évêque de Bruillard arriva le 4 juillet :

« L'épreuve a duré assez longtemps, mon cher ami, entrez dans la voie où Dieu vous appelle, travaillez-y à votre sanctification et à celle des autres. Quant à votre remplacement, je vais m'en occuper. »

Au même moment, devinant que son frère voulait s'engager dans la mission diocésaine comme l'évêque l'avait suggéré, Marianne vint à Grenoble implorer l'évêque de ne pas donner son autorisation. L'évêque lui expliqua que ce n'était pas du tout le cas. Entre-temps, pendant que Marianne était à Grenoble, le jeune curé se préparait à recevoir son remplaçant qui devait arriver le dimanche soir, 18 août. Personne à Monteynard ne soupçonnait son départ. Il désirait partir incognito.

Voulant éviter les scènes pénibles que son départ ne manquerait pas d'occasionner, il demanda, dit-on, à quelqu'un de distraire les paroissiens à l'entrée de l'église après la messe pendant qu'il quitterait le village. Il avait profité de l'absence de sa sœur pour faire ses bagages. Après la messe, il revint au presbytère et s'apprêta à prendre la calèche qui devait le mener chez l'évêque pour lui rendre une dernière visite. Or, c'est à ce moment précis que sa sœur et ses amis revenaient de Grenoble ! L'évêque l'avait mise au courant de toute l'histoire et il ne lui restait rien d'autre à faire que de supplier son frère de rester au moins une journée de plus avec elle. La réponse arriva, déchirante : *« Ma sœur, Dieu m'appelle aujourd'hui, demain ce serait trop tard. »*

Elle s'évanouit dans les bras de Nanette alors que lui se dirigeait d'un pas chancelant vers la diligence, craignant que, s'il jetait un seul regard en arrière, il n'aurait pu maintenir sa décision. Quelques années plus tard, son ami, le P. Mayet, racontait que le départ avait été si pénible pour lui qu'il avait eu grand-peine à monter dans la voiture.

Dès le lendemain, il écrivait à ses sœurs, de Grenoble :

« Monseigneur m'a engagé à partir d'ici afin de ne pas renouveler vos douleurs et de n'être pas témoin des larmes de mes paroissiens ; vous savez ma sensibilité. Je vous l'ai cachée, mais si je retournais à Monteynard, ou j'y tomberais malade ou je m'exposerais à perdre ma vocation. Que la sainte volonté de Dieu soit faite ! Et si je vais à la mort, nous aurons le même mérite, vous et moi. Il fallait que vous partagiez mon sacrifice, comme Marie partagea celui de Jésus-Christ. Dieu en soit glorifié ! Maintenant, cessez vos larmes... »

De leur côté, les gens de Monteynard menèrent un valeureux combat pour ravoir leur curé. Ils présentèrent une pétition à l'évêque et envoyèrent une délégation pour tenter de persuader le P. Eymard de revenir. De l'évêque, ils reçurent l'assurance que, s'ils parvenaient à persuader le P. Eymard de réintégrer Monteynard, il irait lui-même l'y accueillir.

Toutefois, ils apprirent très tôt qu'il n'y avait aucune chance que le curé change d'idée. Plusieurs personnes avaient fait le voyage jusqu'à Lyon pour essayer personnellement de le convaincre. Elles le rencontrèrent à la maison du noviciat. Le Père fut surpris de les voir, profondément touché de leur vive affection et de leur ferme détermination de retourner dans leur paroisse avec lui. Cette initiative à son encontre le bouleversa et l'émut profondément. Néanmoins, il essaya de leur faire comprendre que c'était Dieu qui l'avait appelé et qu'il devait rester fidèle à sa vocation. Il ne pouvait pas retourner avec eux. Déçus et abattus, ils repartirent pour Monteynard et tentèrent de comprendre comment Dieu pouvait apparemment être si cruel. Après avoir été sans prêtre si longtemps, il leur avait envoyé quelqu'un qui avait pris soin d'eux, les avait écoutés, les avait rapprochés des sacrements. Ils s'étaient attachés à lui, et voilà que Dieu le leur enlevait et qu'ils se retrouvaient seuls, à nouveau. Seuls, oui, mais pas tout à fait de la même manière qu'avant l'irruption du P. Eymard dans leur vie. Il leur avait montré l'amour et la miséricorde de Dieu pendant son ministère et il venait, par son départ, de leur apprendre le prix qu'il faut parfois payer pour rester fidèle.

4

Le voyage se poursuit

« Ma vie court comme l'eau d'un torrent. »

La vocation mariste : 1839-1855

Le mardi 20 août, Pierre-Julien commença son noviciat sous la direction du Père Pierre Colin, frère aîné du fondateur. À peine arrivé au noviciat, il fit la retraite annuelle avec les quarante membres de la nouvelle communauté mariste. Une retraite prêchée par le fondateur lui-même, Jean-Claude Colin. Dans une lettre à un ami prêtre, il exprime ses sentiments :

« Voici deux mois que je suis ici, c'est comme s'il y avait deux jours. J'ai été content en entrant, j'étais à ma place, la volonté de Dieu était accomplie. J'eus le bonheur de faire ma retraite avec la communauté. Je ne puis vous dire ce que c'est cette retraite, la fraternité qui y règne, la sainte joie qui en anime toutes les réunions. Comme on s'aime dans cette Société de Marie. »

Vers la fin de novembre, encore simple novice, il fut envoyé au collège mariste de Belley comme directeur spirituel. En février de l'année suivante, il prononça ses vœux comme mariste et demeura en poste au collège de Belley.

Son brusque départ de Monteynard avait profondément ébranlé ses relations avec ses sœurs. On conçoit aisément qu'elles aient été très blessées et qu'elles n'aient rien compris au comportement de leur frère. Celui-ci essayait du mieux qu'il pouvait de panser les plaies qu'il avait causées. Il eut recours à un ami, le P. Brun, à qui il demanda d'aller passer quelque temps avec ses sœurs pour les consoler. Peine perdue ! Le 6 septembre, il leur écrivit en les assurant de son affection et en leur disant que son sacrifice en les quittant était certes moins grand que le leur et celui des gens de Monteynard. Ces excuses n'eurent aucun effet sur elles. Durant des mois elles refusèrent de répondre à ses lettres. En août de l'année suivante, il en était encore à les supplier de lui écrire, tout en leur faisant part de sa décision de ne pas leur rendre visite de crainte de retourner le fer dans la plaie. Toutefois, avec le temps, les blessures guérirent mais en laissant des cicatrices qui n'allaient pas disparaître facilement.

Pendant ce temps, Pierre-Julien remplissait les devoirs de sa nouvelle vocation et s'adonnait à la vie de prière. Dans ses notes spirituelles, on trouve cette réflexion :

« Dieu m'a fait comprendre que je ne priais pas assez dans mon cœur, que je raisonnais trop, que je voulais trop systématiser la perfection ; qu'un moyen sûr était de me laisser conduire comme un enfant qui va tout simplement, de faire tout simplement le bien que je connais, qui est présent, et qui est pressant, et rien de plus. »

C'est néanmoins dans la prière qu'il trouvait le réconfort que ses sœurs lui refusaient encore :

« Ce matin, Notre-Seigneur m'a fait une grande faveur pendant mon action de grâces après la messe. Il m'a fait un vif mais amoureux reproche en me disant : Eh quoi ! Tu crains de t'attacher à moi, de me suivre et de te reposer sur moi du soin de ton avenir ? »

Il venait de trouver la force de continuer.

À l'improviste, sa santé flancha, comme cela lui était si souvent arrivé dans le passé. Cette fois une maladie pulmonaire le mit entre la vie et la mort. Le P. Colin accourut à son chevet, le suppliant de ne pas mourir parce que « *cela allait le faire mourir lui aussi* ». Mais, ni l'un ni l'autre ne devaient partir de sitôt.

Provincial

Pour se reposer, le Père Eymard prenait son violon ou s'asseyait au piano et amusait la communauté en jouant des airs militaires. Ce temps fut de courte durée car sa nomination comme provincial l'obligea à quitter le collège et se rendre à Lyon à la maison mère de La Puylata. Sa nouvelle tâche lui laissait peu de temps pour les petites diversions musicales auxquelles il s'était habitué au collège. Il abattait une somme énorme de travail et se plaignait des journées trop courtes : « *Quand j'ai à parcourir en esprit les départements de France et les îles de l'Océanie, vous comprenez bien que parfois le soleil se couche trop tôt !* »

En tant que provincial, il partit un jour en direction du nord, vers Le Havre, pour présider le départ de treize Maristes envoyés en mission dans le Pacifique. Il exprimait ainsi son intense désir de les suivre :

« *Ah ! que je serais heureux d'aller dans les missions étrangères, lors même que je ne pourrais y faire que peu de choses, afin d'offrir au moins à Dieu le sacrifice entier de moi-même, de mon pays, de mes parents, de mes amis, de ma langue maternelle, de tout ce que j'ai appris, et d'être obligé de recommencer avec de nouveaux éléments. C'est une agonie, une mort, un vrai tombeau, un holocauste, où tout est consumé, anéanti. Ah ! le beau moment que celui où, un pied sur la terre et l'autre sur l'embarcation, on laisse tout, on sacrifie tout pour se donner à Dieu seul ! C'est l'acte d'amour parfait. Oui, faire ce sacrifice à Dieu une fois et puis mourir. Voilà qui comblerait ma félicité.* »

Son ami et confrère mariste, le P. Mayet, se rendit compte de la ferveur de son zèle apostolique pour les missions, mais Dieu ne lui permettra pas de réaliser son rêve. Jamais sa santé n'aurait pu supporter les rigueurs de la vie missionnaire ; à peine pouvait-il tolérer les hivers en France. En fait, il poussa trop souvent son corps jusqu'à ses dernières limites, et à cet égard, il n'avait pas besoin des missions étrangères pour rencontrer souffrances et sacrifices.

Après deux ans de service comme provincial, le P. Colin le nomma visiteur général, ce qui impliquait des tâches et des responsabilités nouvelles et exigeantes. Il occupa ce poste jusqu'en 1851 quand il fut nommé supérieur au collège de La Seyne-sur-Mer, au sud de la France.

Pendant ses années comme visiteur général, il voyagea beaucoup faisant le tour des communautés religieuses maristes. On le demandait aussi constamment comme prédicateur de carême dans les églises de la région. Apparemment, sa nouvelle tâche n'avait en rien diminué son zèle apostolique. Il était reconnu non seulement pour la valeur de sa prédication, mais aussi pour son approche pastorale.

Un jour, en visitant un hôpital, il y rencontra un vieillard qui se vantait constamment de ses liens avec Napoléon, ayant été joueur de tambour dans son armée. Il semble que le vieux soldat était plus enclin à faire état de ses aventures militaires que de ses péchés. Le P. Eymard se mit à converser avec lui. On en vint vite aux exploits légendaires du joueur de tambour sous Napoléon. Le Père se souvint alors de ses propres « exploits » au collège de Belley quand il arpentait les corridors battant le tambour pour amuser les garçons. « *Moi aussi je suis tambour*, dit-il au vieux soldat, *combien savez-vous de marches ?* » — « *Quatorze* », répliqua aussitôt le soldat. « *Ah ! mon ami, vous êtes mon maître : moi je n'en sais que dix.* » De là, tous deux continuèrent à se raconter leurs histoires. Le P. Eymard raconta qu'il avait vu l'empereur traverser La Mure à son retour d'exil. Puis, avec tact, il amena la conversation sur l'exil final de Napoléon à l'île Sainte-Hélène et lui expliqua comment l'empereur s'était converti. Le visage sillonné de rides se couvrit de larmes et le vieux soldat se confessa.

La violence et l'agitation civile secouèrent la France en 1848. À Lyon, les troubles socio-politiques furent particulièrement ressentis. L'industrie de la soie fut frappée par le chômage et de fréquents arrêts de travail. Certaines communautés religieuses, dans leur désir de résoudre en partie le problème du chômage massif, avaient mis sur pied des ateliers où les démunis, en y travaillant, pouvaient toucher un salaire quotidien. Cependant, ceux qui étaient toujours au chômage virent cet effort comme une tentative de miner leur emploi en favorisant une main-d'œuvre bon marché. Des émeutes éclatèrent à mesure que le chaos économique envahissait la ville. Les communautés religieuses, avec leurs grandes maisons et leurs vastes propriétés, devinrent la cible des travailleurs frustrés. Ils saccagèrent et détruisirent bon nombre d'ateliers mis en marche dans les couvents. Le danger encouru par les personnes elles-mêmes s'accrut par un décret du Gouvernement provisoire, mettant toutes les congrégations religieuses hors la loi. En conséquence, les supérieurs religieux fermèrent leurs noviciats et quittèrent leurs couvents, renvoyant les membres à la maison ou les dirigeant vers les paroisses jusqu'à ce que l'agitation se soit calmée.

À la maison mère des maristes, quelques prêtres décidèrent de rester sur place, parmi eux le P. Eymard. Un jour qu'il marchait dans les rues de la ville, il tomba sur un groupe d'agitateurs qui le pointèrent du doigt en criant : *« Voilà un curé, jetons-le à la rivière ! »* Ils devinrent frénétiques devant la belle occasion qui leur était offerte de se venger sur l'un de ceux qui, croyaient-ils, les avaient trahis. Au moment où ils l'empoignaient, quelqu'un cria : « *C'est le P. Eymard !* » Plusieurs voix scandèrent alors : « *Non ! Non ! laissez-le ! Il fait trop de bien dans notre ville pour qu'on lui fasse du mal !* » Il y eut un moment d'hésitation, puis, sans le relâcher, la foule fit demi-tour en direction de la maison mère. Les sarcasmes s'étaient changés en ovation. Ils l'escortèrent jusque chez lui au rythme de chants patriotiques. En le quittant, ils lui garantirent sécurité ainsi qu'aux prêtres de la maison en hissant le drapeau tricolore au-dessus de la porte.

Quelques jours plus tard, revenu de ses émotions, il sortit de nouveau dans la rue afin de retrouver les émeutiers qu'il rencontra au chantier et les remercia pour leur protection. Le 4 avril, il écrivit à sa sœur à propos de cet incident :

> « *Je vois qu'on vous a effrayées sur Lyon et sur nous, mais je puis vous dire qu'on nous a laissés fort tranquilles. Nous n'avons pas eu la plus petite insulte ; au contraire, on nous avait donné une garde à notre porte ; nous sortons en ville en soutane tout simplement et on dirait même que la soutane est plus respectée.* »

La condition physique du P. Eymard demeurait inquiétante. L'excès de travail minait sa santé. Il dit à ses sœurs :

> « *Je ne sais comment le temps passe, mais j'arrive presque toujours au soir sans avoir le temps de me tourner, puis ma migraine m'a repris ces jours passés : il y avait si longtemps qu'elle me laissait tranquille ! et vous savez qu'avec la migraine on ne peut rien faire.* »

Il semble que l'ouïe d'une de ses oreilles fut irrémédiablement affectée par le bruit d'un canon lors des troubles de 1848. Avec les années, il devint totalement sourd de cette oreille.

Dans les premiers mois de 1849, il se rendit pour la première fois à Paris pour visiter la maison des maristes. Il profita de l'occasion pour se rendre au palais royal de Versailles, qui, après la mort de Louis XVI, avait été ouvert au public. Le P. Eymard, comme beaucoup de clercs pendant et après la Révolution, demeura fidèle royaliste tout en sympathisant avec le grand nombre de pauvres et les conditions affreuses de la classe ouvrière. On ne se surprendra donc pas de le voir s'agenouiller à l'endroit où Louis XVI fut guillotiné et de l'entendre dire combien il était triste ce jour-là et qu'il avait prié pour « *le saint Louis XVI* ». Ce fut aussi pendant cette visite à Paris qu'il rencontra pour la première fois Raymond de Cuers qui allait plus tard partager avec lui les angoisses de mettre au monde une nouvelle communauté, celle du Saint-Sacrement. Raymond de Cuers se trouvait à Paris avec le pianiste Hermann Cohen, nouvellement converti, et tous deux s'occupaient de la Société d'Adoration nocturne dont le but était de promouvoir la prière durant la nuit en présence du Saint-Sacrement. Le Père Eymard fut impressionné par la pratique et la dévotion au Saint-Sacrement dont il fut témoin à Paris.

L'année suivante, le P. Eymard servit d'intermédiaire entre l'archevêché de Lyon et un groupe de laïcs en obtenant les permissions nécessaires pour commencer le mouvement d'adoration nocturne

Fourvière

dans cette ville. Un an plus tard, encore à Lyon, il s'impliquait dans l'établissement d'une autre œuvre, celle des sœurs du Tiers Ordre de la Réparation, nouvellement fondée par Mère Dubouché. Le 29 janvier 1851, il célébra la messe et exposa le Saint-Sacrement pour cette communauté dédiée à l'Eucharistie.

Fourvière

Quelques jours auparavant, le 21 janvier, il avait eu une expérience spirituelle au sanctuaire de Notre-Dame de Fourvière, qui allait l'encourager à poursuivre un projet qui le préoccupait : établir un groupe d'hommes dédiés à l'adoration du Saint-Sacrement, tout comme Mère Dubouché l'avait fait pour les femmes. Il précisera cette idée dans une lettre qu'il adresse au P. Colin, le 3 février 1851 :

« C'est après de mûres réflexions, après avoir beaucoup prié et consulté, que je me décide enfin à vous ouvrir mon cœur sur une pensée que je combats depuis longtemps et qui sans cesse me poursuit, me reproche de résister à la voix de Dieu. Cette pensée la voici : Je fus un jour en passant à Fourvière fortement impressionné de la pensée... »

Et la lettre continue en mentionnant les besoins urgents du Peuple de Dieu et comment l'Eucharistie pourrait être une réponse effective à ces besoins. Sa dévotion croissante envers l'Eucharistie et sa grande sensibilité apostolique le portent à insister sur les raisons de fonder un groupe d'hommes dédiés à l'Eucharistie, en réponse à des problèmes religieux : 1) l'abandon spirituel des prêtres séculiers ; 2) le manque de direction spirituelle pour les laïcs ; 3) le peu de dévotion que l'on trouve envers le Très-Saint-Sacrement. Son intention de créer un groupe eucharistique d'hommes était donc avant tout apostolique. Le Père Eymard voyait l'Eucharistie comme étant la solution à tous les besoins du clergé et des fidèles. Il insistera également pour que le Saint-Sacrement soit adoré et devienne une puissante source d'enrichissement spirituel pour les gens.

Tiers Ordre de Marie

Jusqu'ici, le P. Eymard s'était occupé activement du Tiers Ordre de Marie, dont la charge lui avait été confiée par le P. Colin. C'était un groupe de laïcs, associé à la communauté mariste et qui partageait sa spiritualité. Il prit sa responsabilité au sérieux avec son habituelle vision profonde des choses. Sous sa direction le Tiers Ordre se développa pour former trois groupes distincts : hommes mariés, célibataires, jeunes dames. Il consacrait beaucoup de temps au développement de chacun de ces groupes, tenant plusieurs réunions par mois.

Enthousiasmé par le progrès spirituel des membres du Tiers Ordre, il sollicita de Rome l'approbation de l'œuvre. Le pape Pie IX la lui accorda aussitôt. Évidemment, il était transporté de joie, mais quelque peu embarrassé d'avoir mis le P. Colin devant le fait accompli. Le P. Eymard avait obtenu cette approbation sans même avoir avisé le fondateur. Ce dernier était furieux de cette « initiative » prise à son insu pour obtenir l'approbation du pape. Ce qui chez le P. Eymard était considéré comme initiative ou simple enthousiasme était souvent interprété comme comportement impulsif par les autres. Cette fois cependant, le Père avait vraiment dépassé les bornes. Cet incident eut pour conséquence malheureuse de jeter un froid entre les deux hommes.

Peu de temps après, le P. Eymard fut relevé de sa charge au Tiers Ordre de Marie et nommé supérieur au collège de La Seyne-sur-Mer où régnait la pagaille, au point que l'on songeait à fermer le collège. Durant l'automne 1851, il quitta donc Lyon à regret, laissant derrière lui ses nombreux amis du Tiers Ordre et se dirigea vers le sud de la France.

La Seyne-sur-Mer

Ce collège de Sainte-Marie appartenait au diocèse mais l'administration en avait été confiée aux Maristes. Il était situé sur la Côte d'Azur à La Seyne-sur-Mer, à mi-chemin entre Marseille et Saint-Tropez. Immédiatement, le P. Eymard se mit au travail avec la même énergie et ténacité qu'il avait manifestées pour ses autres responsabilités. En peu de temps, il avait retrouvé son zèle et son enthousiasme. Il écrit :

« *Ma vie est une immolation continuelle. Depuis le matin jusqu'au soir, je suis tout au public, tout pour les autres. À chaque instant, on frappe à ma porte, pour mille objets divers. Je ne peux pas une seconde ouvrir un livre, prendre une plume. On ne me laisse même pas faire ma lecture spirituelle. La nature en souffre continuellement... Ah ! si je voulais faire comme on fait quelquefois, être brusque, avoir un air sévère, un abord peu avenant, ce serait bien facile de couper court et d'éloigner. Mais cela n'est à propos ni pour le bien ni pour la charité.* »

Son infatigable dévouement fut payé en retour. Il réussit à remettre le collège sur pied.

Peu de temps après son arrivée à La Seyne, il dut faire face à un événement qui aurait pu avoir de tragiques conséquences. Suite au coup d'État de décembre 1851 qui porta Louis-Napoléon au pouvoir, certaines couches de la population protestèrent par des actes de violence. La région de Toulon, où se trouvait La Seyne, ne fut pas épargnée.

Un soir, une foule se rassembla, mais incapable de semer la rébellion à Toulon en raison de la présence massive des militaires, elle se dirigea vers le collège mariste un peu éloigné de la ville. Alerté au sujet de la possibilité d'un assaut, le Père laissa les étudiants se retirer en paix sans leur souffler mot du danger. Puis, il invita les professeurs présents à passer la nuit dans la chapelle, dans la prière devant le Saint-Sacrement. Lui-même décrit l'incident à ses sœurs :

« *On vous a effrayées sur notre position. Oui nous avons couru de grands dangers. J'ai failli être massacré et brûlé avec tout le pensionnat que je dirige. Ces monstres voulaient jouer à la boule avec les têtes de nos enfants ! Deux mille hommes, dans la nuit du 6 décembre, se dirigeaient sur notre maison. Ils n'en étaient plus qu'à une demi-heure, lorsqu'un chef manquant à l'appel, on résolut de renvoyer l'affaire au lendemain, et le lendemain, nous étions sauvés. La veille, un vicaire vint effrayé me parler de tous ces complots. Le bon Dieu m'avait donné la confiance en sa paternelle providence, je restai tranquille... L'émeute est vaincue mais elle n'est pas détruite ; on a fait des arrestations, mais le foyer reste : les passions mauvaises. Dans notre Var, on a arrêté 2 000 insurgés, je crois.* »

« *Que le bon Dieu est bon d'avoir sauvé notre pays, ce qu'ils étaient mauvais ces hommes ! Je suis un peu leur aumônier maintenant, du moins de ceux qui sont à bord du vaisseau* Le Généreux, *dont le commandant est le père d'un de nos élèves. J'y vais le dimanche, dire la messe, prêcher et visiter ces pauvres malheureux au nombre de 300. Nous leur avons donné des médailles. Ce sont d'autres hommes. Il en est beaucoup de repentants. Je me promène au milieu d'eux; ils m'entourent et nous causons. Mais, hélas ! que c'est triste de se dire : il y a là des assassins, des parjures, des hommes de sang. Ah ! les chefs sont bien coupables d'avoir abusé de ce peuple ignorant et volcanique du Midi. »*

Il n'était pas au bout de ses peines. Au printemps, une épidémie de rougeole se répandit dans le collège. Plusieurs furent atteints, et ceux qui furent épargnés, dont lui-même, attrapèrent la grippe.

Dans une lettre à Mme Jordan, amie depuis l'époque où il était directeur du Tiers Ordre à Lyon, et qui fut pendant très longtemps sa confidente spirituelle, il parle de sa vie au collège. La lettre est datée du 22 janvier 1852 :

« Vous voulez que je vous parle de moi ; ma vie passe et s'écoule comme l'eau du torrent, avec précipitation, bruit et presque tumulte ; une maison d'éducation a tant d'incidents, de variétés, de visites ! Que le bon Dieu en soit béni ! Mais j'ai bien matière au renoncement habituel à ma volonté.

En retour, le climat est bon, le ciel très beau, la nature très riche et toujours verte, ce qui fait croire à un printemps perpétuel. Je ne vous dis rien des habitudes du Midi ; je ne les connais pas bien. Le Bon Dieu y a de belles âmes généreuses. Il y a ici, plus que de nos côtés, de quoi admirer la puissance de la grâce ; car ces méridionaux, avec leur tête volcanisée, avec leur esprit si léger, avec leur cœur si sensible, deviennent des saints et de grands saints. Seulement, pour nous, gens du Nord, il nous en coûte de nous faire à ce genre ; mais quand le bon Dieu nous y envoie, on a grâce d'état. »

Sous son habile direction, les années qui suivirent furent prospères pour le collège. Le nombre d'étudiants s'accrut et les programmes se développèrent. Une réussite dont la santé du Père fit les frais. Un jour, frappé de pneumonie, il dut garder le lit sur ordonnance du médecin. Une autre fois, c'est un repos loin du collège qui lui fut prescrit. Quant à son trouble pulmonaire, il semble avoir été le résultat d'un incident qui nous est décrit par le Père Mayet :

« Le P. Eymard se rendait à la maison de campagne de M. Mulsant, naturaliste célèbre, connu dans toute l'Europe et avec lequel il était fort lié. Arrivé à Tarare, le voyageur demande quelques minutes au conducteur de la diligence. Celui-ci les accorde; mais à peine le P. Eymard s'est-il éloigné que l'insolent conducteur, sans doute afin de mettre un prêtre dans l'embarras, donne le signal et part. Il fallut que notre ami, pour l'atteindre, fît quatre kilomètres au pas de course. Finalement, à une montée, il put le rejoindre... Quelqu'un à qui il racontait sa mésaventure ne put contenir son indignation : Et qu'avez vous dit à ce méchant homme ? — Rien du tout, répondit le Père; j'étais trop content d'avoir pu rattraper la voiture ! »

Rappelant ce même incident, le Père Eymard avouait :

« Je vis bien tout de suite que c'était un jeu à prendre le mal de la mort. Mais qu'y faire ? Loin de m'abandonner à la tristesse et aux larmes, je me mis à causer et à rire avec mes compagnons de voyage, comme si rien n'était arrivé... Il est arrivé que j'ai contracté une forte maladie, qui m'a délivré, à Lyon, d'une foule de visites dont plusieurs m'auraient fort embarrassé ! »

Malgré les exigences de ses responsabilités au collège et sa santé précaire, il trouvait encore du temps pour d'autres ministères. Vers la fin de 1854, au plus fort de la guerre de Crimée, les soldats français et les marins furent placés en garnison à La Seyne. Atteint de dysenterie, le 43e Régiment dut retarder son départ. Le P. Eymard tira sans retard parti de la situation. Il invita les officiers et l'équipe médicale à dîner au collège et obtint l'autorisation d'entrer au campement. Quotidiennement, pendant deux semaines, il rendit visite aux soldats, conversant avec eux de leur situation spirituelle et même, à l'occasion, leur faisant part de ses « remèdes maison ». Vers la fin du cantonnement, il organisa une retraite de trois jours où environ deux cents membres de la troupe reçurent la communion, certains pour la première fois !

Le P. Eymard avait aussi apporté son aide dans une paroisse de la région où il s'était fait des amis. Un jour, subitement, le curé fit une crise cardiaque qui l'emporta. Comme les paroissiens aimaient beaucoup le P. Eymard, l'évêque lui demanda de prendre en charge la paroisse jusqu'à ce qu'il trouve un remplaçant. Zélé et enthousiaste pour le bien des gens, il accepta sans se préoccuper de ses forces. Pendant deux mois, il cumula cette tâche à la sienne. Comme il fallait s'y attendre, sa santé flancha. Ses migraines reprirent, il était épuisé. Plusieurs fois le médecin l'envoya se reposer à la campagne. Dans une lettre datée du 25 avril 1855, il écrit à son supérieur mariste :

« *Pour moi, je vais toujours, un moment faible et l'autre un peu mieux. La toux ne veut pas quitter la place.*

Qu'y faire ? La laisser en paix. J'espère bien, mon bon Père, que vous n'oubliez pas mon remplaçant. Voici bientôt la fin de l'année et je suis à bout de mes forces, heureux si je vais jusqu'au bout, ce que j'espère. Je voudrais bien cependant que vous ne croyiez pas ma demande de repos comme un effet du découragement ou d'une autre pensée. Non, non ! J'ai de si bons confrères ici que j'aurais bien tort de me plaindre ; ils sont tous si bons et si dévoués ! »

Tout le temps que le Père passa au collège et même avant, comme nous l'avons vu, l'Eucharistie était un filon qu'il exploitait de plus en plus. Par intervalles, Dieu l'invitait à approfondir cet attrait eucharistique. Dans une série de lettres à Marguerite Guillot, une amie membre du Tiers Ordre de Marie, il révèle petit à petit la grande attraction qu'il ressent envers l'Eucharistie et dans quelle mesure il est prêt à poursuivre cette invitation divine :

« *Laissez-moi vous dire que je ne voudrais pas encore mourir avant d'avoir vu se réaliser une belle et grande pensée que le bon Dieu m'a mise au cœur relativement au culte de Jésus au Saint-Sacrement. Elle est si grande que la pauvre nature en a presque peur, mais si belle que cette vue me réjouit, et m'encourage à tous les sacrifices.* »

Un mois plus tard, il ajoutera :

« *Vous avez deviné un peu, mais non tout : il s'agit d'établir l'Ordre du Très Saint-Sacrement : voilà la grande pensée.* »

Il expliquera un jour comment cette « grande pensée » a pris naissance en lui, un matin, dans la chapelle de La Seyne :

« Le 18 avril, dans l'action de grâces de la sainte Messe, je fus tout à coup saisi par un grand sentiment de reconnaissance et d'amour pour Jésus, et alors de lui dire : Mais que pourrais-je faire pour vous ? Et une pensée douce, paisible mais forte et vive, me rendit heureux de me dévouer au service du T.S. Sacrement. »

Ces perceptions intérieures allaient devenir plus fortes et plus claires pendant les douze à dix-juit mois suivants. Son attrait pour l'Eucharistie allait en s'intensifiant, mais pendant longtemps il crut pouvoir l'intégrer à sa vocation de Mariste. Cependant, les changements qui survenaient en lui étaient dus à la puissante attraction de la grâce, qui le portera, à la longue, à abandonner, après de longues souffrances, sa vocation de mariste. C'est dans l'incertitude et avec beaucoup de peines et de souffrances qu'il s'efforça de discerner ce nouvel appel de Dieu.

5

Le terme d'une étape

« Dieu me pousse »

« Vous êtes avant tout mariste »

Durant ses dix-sept années de vie mariste, le P. Eymard avait toujours joui de la réputation d'un homme responsable et d'un religieux généreux. Aussi les maristes lui avaient-ils confié plusieurs fonctions importantes dans leur famille religieuse : maître des novices, supérieur provincial, visiteur général, supérieur du collège à La Seyne et directeur du Tiers Ordre de Marie.

Pendant qu'il se donnait corps et âme à sa vocation mariste, Dieu frappait de nouveau à sa porte avec une autre invitation : il l'appelait à la vocation eucharistique.

L'origine de cette inspiration eucharistique remontait à deux fortes expériences religieuses. La première survenue le 25 mai 1845, alors qu'il portait le Saint-Sacrement à l'église Saint-Paul à Lyon. Durant cette procession de la Fête-Dieu, il fut profondément inspiré à centrer son attention sur la personne du Christ et à ne prêcher que le Christ dans l'Eucharistie. La seconde survint le 21 janvier 1851, au sanctuaire de Notre-Dame de Fourvière où il fut fortement poussé à établir un groupe d'hommes consacrés à l'adoration du Saint-Sacrement en réponse aux besoins pastoraux de l'Église. Bien que ces grâces spéciales aient marqué profondément le P. Eymard, celui-ci demeurait toutefois hésitant sur la façon concrète de réaliser cette inspiration. Il avait pourtant reçu quelque encouragement de la part du P. Colin, le fondateur des maristes, pour son ministère eucharistique, en particulier durant ses dernières années à La Seyne et à Toulon, où il avait aidé à organiser l'adoration nocturne. Il prêchait régulièrement à la cathédrale Sainte-Marie, chaque vendredi soir, pour un groupe toujours plus nombreux d'hommes et de femmes de la Société de l'Adoration.

Pendant ce temps, lorsqu'il était supérieur du collège de La Seyne (1851-1855), le P. Eymard était en contact avec Raymond de Cuers dans l'espoir d'établir l'Ordre du Saint-Sacrement. Tandis que M. de Cuers avait pris l'initiative de recruter des gens dans l'intention de former un ordre de prêtres dévoués à l'adoration perpétuelle du Saint-Sacrement, il revenait au P. Eymard de promouvoir le projet en rédigeant un premier brouillon de règles pour guider le groupe. Mais le Père alla plus loin en encourageant certains élèves du collège à envisager une vocation eucharistique. Les confrères maristes du Père Eymard furent choqués de découvrir que le supérieur du collège, à savoir le Père Eymard, recrutait de futurs candidats maristes pour un autre type de vocation. Ses supérieurs de Lyon n'étaient évidemment pas d'accord avec cette initiative.

Aussi, en juin 1855, le P. Favre, nouveau supérieur général, annonçait au P. Eymard qu'il irait lui rendre visite à La Seyne, mais que, sans plus tarder, il l'avisait que la Société de Marie ne pouvait encourager aucun *projet eucharistique* et que, par conséquent, il lui demandait de cesser toute implication dans cette aventure :

« Vous êtes mariste avant tout ; cette Société, c'est votre barque de salut. Soyez donc si prudent qu'on n'ait pas même l'ombre d'un prétexte pour vous accuser de vous occuper plutôt d'une œuvre qui n'est qu'un projet, qui n'est pas la vôtre, que de celle à laquelle vous vous devez tout entier par votre consécration absolue et irrévocable. »

Ces remarques du P. Favre mettaient fin au rêve du P. Eymard de réaliser son projet à l'intérieur de la communauté mariste. Il fut surpris par cette décision et tenta en vain de plaider sa cause. On était formel : on ne lui permettait pas de poursuivre l'établissement d'une œuvre eucharistique en tant que membre de la Société de Marie.

Atterré par cette position, le Père chercha dans la prière force et réconfort. Pour la première fois, il se rendait compte que l'enjeu serait très important s'il voulait suivre l'inspiration qu'il croyait fortement venir de Dieu. Comment résoudre ce dilemme ? Face à l'opposition de ses supérieurs et à la confusion intérieure qu'il ressentait, il était plus déterminé que jamais à rester fidèle à l'idée eucharistique qui était de plus en plus forte en lui. Voici comment il se confiait à son ami, le P. Mayet :

« Dieu me pousse. Cette pensée de l'Œuvre du T.S. Sacrement à établir est pour moi un attrait qui me rend meilleur, quelque chose de doux, de fort, de calme, de sanctifiant. Je vois bien ce qui m'en coûtera. On n'établit pas une œuvre nouvelle sans se faire crucifier. Puis je renonce à une position acquise, pour m'exposer à la pauvreté, au mépris. Si la chose ne réussit pas, on se moquera de moi. Je vois tout cela, je sens tout cela. Je ne cherche que la volonté de Dieu. »

Ayant reçu un refus de la part de ses supérieurs, mais convaincu de devoir obéir à la volonté divine, le P. Eymard en appela à Rome. Providentiellement, son vieil ami et conseiller spirituel, le P. Touche, fit halte à La Seyne sur la route le menant à Marseille pour prendre le bateau pour Rome. Le P. Eymard lui ouvrit son âme. Le P. Touche lui donna son avis : il conclut alors que ce projet était l'œuvre de Dieu, mais qu'il devait être soumis au chef de l'Église. Il accepta donc d'apporter la requête que le Père Eymard avait préparée et de la présenter au pape personnellement. Il quitta Marseille le 12 août pour la Ville éternelle.

Supplique à Rome

De son côté, sur l'instance du médecin, le P. Eymard partit pour le Mont-Doré pour essayer d'améliorer sa santé.

Aux thermes du Mont-Doré il écrivait :

« C'est un pays froid, où je n'ai trouvé personne de connaissance, me voici bien seul, ce que je désirais. Mais il y a le ciel sur ma tête, et, à côté de moi, le divin Tabernacle : j'ai tout ce qu'il me faut. »

Un peu plus tard, le 25 août, il écrira :

« Les eaux me font du bien ; Dieu dans sa divine bonté semble m'avoir donné ce moyen de soulagement pour me demander plus de dévouement à son service. Aussi est-ce le désir de mon âme de travailler de plus en plus à procurer sa gloire et à lui gagner des cœurs. Que Dieu est bon de vouloir se servir d'un être si pauvre et si misérable ! Dieu n'a pas besoin de nous ; mais quand il daigne se servir de notre misère et de notre néant pour sa gloire, quand il nous fait l'honneur de souffrir pour son Nom, nous sommes bien heureux. »

Le P. Touche arriva à Rome le 27 août et quelques jours plus tard présenta au Saint-Père la requête en question. En voici de larges extraits :

« Très Saint Père,

Permettez au dernier de vos enfants, à un prêtre religieux de la Société de Marie, de déposer en toute simplicité aux pieds de votre Sainteté la pensée de son âme ; ne pouvant aller moi-même à Rome, le P. Touche veut bien me remplacer et être l'interprète des sentiments de mon cœur.

Depuis quatre ans, je me sens fortement poussé par la grâce à solliciter de mon supérieur la permission de me dévouer entièrement à la gloire et au service de Notre-Seigneur Jésus-Christ dans l'Eucharistie. Pendant trois ans, j'ai résisté à ce mouvement intérieur, craignant qu'il ne fût l'effet que d'un sentiment naturel, ou de l'illusion du démon. Cependant, la crainte de résister à la voix de Dieu fit que j'ouvris mon âme au P. Alphonse, provincial des capucins. Il me conseilla d'éprouver encore cette pensée et, si elle persistait, de m'en ouvrir à mon supérieur général. Ce que je fis. Le Révérend P. Colin, après s'être recueilli, me fit cette réponse : Je crois que la pensée que vous avez éprouvée vient de Dieu, procurera sa gloire et qu'un jour vous pourrez la mettre à exécution...

Or, Très Saint Père, voici cette pensée : (...) Pourquoi le plus grand des mystères n'aurait-il pas aussi son corps religieux comme les autres mystères ; pourquoi n'y aurait-il pas des hommes qui auraient une mission perpétuelle de prière aux pieds de Jésus-Christ en son divin Sacrement ? (...) La Société du Saint-Sacrement ne se bornerait pas à cette mission de prière et de contemplation ; elle se dévouerait apostoliquement au salut des âmes en prenant tous les moyens que peut inspirer un zèle sage et éclairé et la divine charité de Jésus-Christ ; elle travaillerait à amener aux pieds de Jésus Eucharistie le plus d'adorateurs possible... »

Puis, après avoir exposé dans ses grandes lignes le programme de l'apostolat eucharistique, le Père ajoutait :

« Déjà six prêtres et six scolastiques en philosophie désirent ardemment se vouer à cette pensée eucharistique. (...) Reste ma grande question personnelle. Le P. Favre, successeur du P. Colin, tout en respectant la pensée de mon âme et les encouragements que me donna son prédécesseur, ne veut pas la favoriser en dehors de la Société de Marie, ni me donner la permission d'y travailler, disant qu'il n'a pas ce pouvoir, et me renvoyant au jugement de votre Sainteté. Or, il me semble, Très Saint Père, qu'en donnant à Jésus un pauvre enfant de Marie, on n'ôte rien à sa divine Mère. Depuis seize ans que j'ai le

bonheur d'être religieux, j'ai rempli les diverses fonctions de provincial et d'assistant ; aujourd'hui, je suis libre de tous ces emplois, et ma retraite ne peut nullement nuire à la Société de Marie. Ma cause est entre vos mains... »

La supplique était signée : Pierre Eymard, prêtre-mariste, La Seyne, 2 août 1855. Le pape bénit et encouragea le projet pourvu que l'on obtienne les autorisations nécessaires de la part du supérieur général et de l'évêque.

De leur côté, le P. Favre et ses conseillers ne voyaient pas les choses du même œil. Au contraire, ils rejetèrent à nouveau l'idée d'une communauté eucharistique. Les conseillers ressentaient profondément l'incompatibilité entre une orientation eucharistique et le but de leur Société. Le supérieur mariste avait peur des conséquences négatives que ce projet pouvait avoir pour la congrégation mariste. Le P. Favre craignait-il aussi la perte éventuelle d'un homme compétent, saint et respecté ? Le P. Eymard n'avait jamais refusé une tâche et on lui avait souvent demandé d'assumer des responsabilités parfois très difficiles. Maintenant, le défi à relever, quoique différent, n'était pas moins exigeant : abandonner l'idée du projet eucharistique ou quitter la communauté.

Vers la fin de septembre, le P. Eymard avait été relevé de ses fonctions comme supérieur du collège de La Seyne et envoyé en repos à Chaintré, où se trouvait le noviciat des maristes. Il écrivit au P. Touche :

« Me voici, je n'ose pas dire sur le Calvaire, je n'en suis pas digne, mais dans un état d'épreuve, dans une

position toute d'abandon à Dieu seul. De grâce bon Père, priez pour moi. »

Obéissant, le P. Eymard laissa tomber tout contact direct en rapport avec le projet eucharistique, tout en demeurant convaincu que l'inspiration était une invitation sans équivoque de la part du Seigneur. Mais comment aller de l'avant sans l'approbation de ses supérieurs ? L'année 1855 allait se terminer dans l'angoisse.

« Pour moi, Rome c'est le pape ! »

Les mois passèrent. Un jour de février, le P. Favre informa le P. Eymard que, comme il devait aller à Rome pour affaires, il était prêt à exposer sa situation au Saint-Père. « *Je parlerai de votre affaire au Pape et j'espère que vous vous soumettrez à tout ce qu'il dira.* » — « *De grand cœur et absolument* », répondit aussitôt le P. Eymard.

Pie IX, il le savait, avait déjà béni le projet et n'allait sûrement pas revenir sur sa parole. Le projet eucharistique était donc assuré.

Le P. Favre partit pour Rome à la fin de février. De Chaintré, le P. Eymard écrivait à M. de Cuers : « *Je souffre et j'espère.* » Il se compare « *au marin à qui il ne reste plus qu'une planche de salut et qui s'abandonne au gré des vents et des tempêtes, plein de confiance toujours en la bonté de Dieu* ». Et à Maguerite Guillot, il confiait : « *J'ai prié à Chaintré et j'ose dire que jamais je n'ai tant prié ni souffert, pour conjurer Dieu de me manifester sa sainte volonté.* »

C'est seulement le 22 avril que le P. Favre, de retour de Rome, vint enfin le voir à Chaintré. Il était neuf heures du matin et le P. Favre l'invita à se promener dans le jardin afin de lui parler. Le P. Favre lança la nouvelle sans aucun ménagement : « *À Rome, on n'est pas d'avis que je vous permette ce que vous avez demandé.* » — « *Eh bien, mon Père, il n'en sera plus question* », reprit le P. Eymard sans hésitation. « *Qu'allez-vous faire de moi ?* »

Régler cette question si épineuse avait été l'affaire d'un instant. « Rome avait parlé » et le P. Eymard se soumettait. Il allait de nouveau se dévouer totalement à sa vocation mariste et abandonner définitivement le projet eucharistique. Tout devenait subitement simple. Tout s'était réglé très rapidement. Les deux hommes se sentaient soulagés.

Tout en continuant leur marche, ils virent ensemble comment le P. Eymard pourrait reprendre son travail auprès du Tiers Ordre qui lui avait toujours été si cher. Puis, le P. Favre partagea ses impressions sur Rome et sa visite au Saint-Père. Le P. Eymard, curieux de savoir ce que le pape avait dit exactement au sujet du projet eucharistique, demanda au P. Favre de lui raconter comment cela s'était passé.

« J'ai vu vos amis, vos conseillers, et d'abord le P. Alphonse, qui n'est pas du tout d'avis que je vous donne cette permission. J'ai vu aussi Mgr Luquet, j'ai parlé au P. Jandel : tous les trois m'ont dit que je ne devais, ni ne pouvais vous donner permission de vous occuper de cette Œuvre.

— Mais c'est les paroles du Pape que je voudrais connaître ; qu'a-t-il dit ? »

Le supérieur général hésita, visiblement embarrassé, et d'une voix entrecoupée il confessa :

« *Mon cher Père, quand je me suis trouvé en présence du Saint-Père, j'étais tellement ému, que j'ai oublié votre affaire. Dieu l'a permis sans doute.* »

Le P. Eymard le regarda, ébahi, n'en croyant pas ses oreilles ; il saisit immédiatement la portée de cet aveu : le Saint-Père n'avait pas rejeté le projet. C'était clair pour lui et déterminant dans l'affaire.

« *Ah ! mon Père, alors rien n'est fait. Pour moi, Rome c'est le pape !*

— *Il faut donc trancher cette question* [répondit le Père Général] *ou ne plus vous en occuper, ou bien il faudrait sortir de la Société ; mais pour sortir, moi je ne vous délivrerai pas de vos vœux.* »

Le P. Eymard resta stupéfié de cette réaction ; quand il reprit son sang-froid, il demanda à son supérieur s'il lui permettrait de travailler au projet eucharistique quelques années, juste le temps de mettre cette œuvre sur pied. Il essuya un refus catégorique. Il n'était pas question de faire des compromis à ce sujet.

« *Dieu m'attire avec force vers cette Œuvre, surtout depuis deux ans ; depuis plus de quatre ans cette grâce travaille mon âme. Je l'ai combattue, je l'ai crainte. J'ai eu peur de la croix, des souffrances, et j'avoue qu'en demandant une permission temporaire et gardant mon lien avec la Société de Marie, c'était par affection d'abord pour cette chère Société, enfin, par prudence humaine, pour voir toujours un recours, un abri. Mais je vois que Dieu me demande le sacrifice entier, que je brûle la nacelle que je voulais me conserver. Je m'abandonne entièrement à sa grâce, c'est fait, j'y suis décidé.* »

Pendant cet entretien pénible et difficile, le P. Eymard trouva le courage nécessaire de relever le grand défi de la rencontre d'un Dieu aux appels également sans compromis. Au lieu d'en être écrasé, il y vit l'occasion d'un plus grand amour. Sacrifices et souffrances, oui, mais accompagnés de la grâce. La vision était nette : le chemin qui s'ouvrait devant lui menait à l'Eucharistie. Jusqu'alors son pas s'était fait hésitant sur la route, mais il se trouvait maintenant à un point de non retour. Dieu l'avait choisi.

« *C'est fait, j'y suis décidé* », c'est par ces simples mots au P. Favre qu'il remit son sort au Seigneur. Il allait rompre avec sa chère Société de Marie où il était tenu en haute estime ; il savait qu'il aurait pu y passer sa vie dans la sécurité d'une communauté et l'affection de ses frères.

« *Vous sortirez donc de la Société !*

— *Oui, j'ai prié depuis longtemps. J'ai conjuré Notre-Seigneur, la sainte Vierge, saint Joseph, de ne pas permettre que je m'égare, que je tombe dans l'illusion, plutôt mourir ; et toujours je me sens poussé, attiré par la croix, la souffrance, à devenir le fumier de cet arbre.*

— *Eh bien ! puisque tels sont vos sentiments, je ne veux pas vous laisser dans l'embarras : je vous relèverai de vos vœux.* »

Les deux hommes se quittèrent moralement convaincus d'avoir agi selon la volonté divine ; l'un, dans les meilleurs intérêts de la Société de Marie, l'autre en réponse à l'appel incessant de l'Esprit.

De retour à sa chambre, le P. Eymard écrivit immédiatement à son ami et collègue, Raymond de Cuers :

« *Quand le Père m'a dit : Je vous relève de vos vœux, j'ai été ému jusqu'aux larmes et j'ai répondu : Je vous en remercie, et nous sommes restés silencieux... La question était jugée, la nature crucifiée, mais la grâce avait triomphé et soudain j'ai senti une grande et douce paix descendre dans mon âme, mon cœur était heureux, Dieu consolait ma faiblesse.* »

Un jour, il écrira à ce sujet :

« *Personne ne sait ce qu'il m'en a coûté de faire ce pas et de dire à Dieu : Me voici ! J'avais quitté ma famille, mon pays, eh bien ! je quitterai encore ma famille spirituelle pour venir vous servir en votre état sacramental d'hostie et de victime.* »

Avant de partir, le P. Favre demanda au P. Eymard de venir à Lyon afin de recevoir de ses mains l'autorisation officielle pour quitter la Société. Le P. Eymard prévoyait des réactions fortes et même négatives de la part de quelques confrères maristes ; il écrivait à R. de Cuers le 25 avril : « *J'ai encore à redouter une scène à Lyon au moment de la séparation.* »

Ses craintes n'étaient pas sans fondement. Quand il arriva à Lyon, il fut littéralement bombardé d'accusations d'infidélité à sa vocation et de céder à l'orgueil et à l'ambition. Face à ce mur d'oppositions de la part de ses confrères, il ne dormit pas de la nuit. Dès le matin, il s'empressa d'aller trouver le P. Favre. Les attaques de ses confrères, quant à ses motifs de quitter la Société, venaient remettre en cause sa décision. Le Père Eymard lui dit qu'il devait remettre toute l'affaire au jugement d'une personne impartiale. Il lui demanda de bien vouloir différer la dispense de ses vœux jusqu'à ce que ce jugement soit rendu, ce que le P. Favre accorda de grand cœur.

Jugement prononcé à Paris

Traumatisé par les violentes scènes de quelques-uns de ses confrères maristes qui remettaient tout en question une fois de plus, il partit pour Paris en quête de confirmations sur son projet. À Paris, il trouva refuge dans une petite communauté sur le point d'être dissoute. « *On me donna une chambre ouverte à tous les vents et sans feu, puis une autre très humide*, racontait le Père, *mes draps, le soir, étaient comme venant de la rosée ; une pauvre nourriture : Dieu me soutint.* »

Ainsi commença-t-il sa retraite le 1er mai, en la fête de l'Ascension. Sur la recommandation de son ami, l'évêque de la Bouillerie de Carcassonne, le P. Eymard vint voir Mgr Sibour, évêque auxiliaire à Paris et cousin de l'archevêque du même nom, en vue de soumettre toute l'affaire à son jugement. Lors du premier entretien, l'évêque lui dit d'exposer son cas par écrit de manière à ce qu'il puisse l'étudier et consulter l'archevêque.

Le Père revint au froid humide de sa chambre et commença à écrire.

« *Monseigneur, permettez-moi de vous ouvrir mon âme sur une pensée que j'ai crue venir de Dieu, mais me défiant de ma faiblesse et des illusions de l'amour-propre, j'ai besoin de votre sage conseil afin d'agir selon les voies ordinaires de la divine Providence, c'est-à-dire par l'obéissance...* »

Puis il poursuivit, expliquant sa situation et promettant de s'en remettre à la décision de l'évêque. En attendant la réponse, il écrivit le 7 mai, à Mlle Guillot :

« *J'ai ouvert mon âme à un homme de Dieu instruit, expérimenté, sévère et que je ne connaissais pas ; sa dernière parole a été : « J'ai besoin de prier, de réfléchir et de consulter. Mardi, je vous donnerai une réponse. » Quelle sera cette réponse ? Je n'en sais rien ; ce qui me rassure, c'est que j'ai raconté simplement tout ce qui était contre moi, tout ce qu'on m'a dit à Lyon. J'en ai trop dit pour avoir confiance naturelle maintenant ; la volonté de Dieu se manifestera par lui. S'il me dit de renoncer à cette pensée, je serai tranquille, j'aurai fait ce que ma conscience a cru devoir faire. Je suis toujours en retraite, seul, et bien seul avec Notre-Seigneur. Encore un peu de prière, de patience et d'abandon, et tout sera fini.* »

Tout en se disant convaincu d'être entre les mains de Dieu dans cette affaire, le P. Eymard ne se faisait pas d'illusion au sujet de son issue. Il disait même à Raymond de Cuers, venu le rejoindre à Paris, que ses valises étaient faites et qu'il était prêt à retourner chez les Maristes aussitôt reçue la réponse négative de l'évêque. Il n'aurait d'autre choix que de se soumettre. Les mêmes sentiments animaient son ami : « Comme vous, je ne cherche que le bon vouloir de Dieu ; j'irai à Rome pour y finir mes jours. »

Enfin, le 13 mai, le P. Eymard se rendit à la résidence de l'archevêque pour connaître la décision longuement attendue. L'abbé de Cuers était déjà là. C'est ainsi qu'ils prirent place dans le hall en attendant anxieusement d'être appelés par l'évêque.

Voici comment le Père décrit la scène.

« Nous attendions, lorsque l'archevêque, qui ne reconduisait jamais ses visiteurs aussi loin, fut en quelque sorte obligé de venir par politesse jusqu'au perron, afin de faire honneur à l'amiral de Perceval qui le quittait. En rentrant, il nous aperçoit :

— Qui êtes-vous ?

— Deux prêtres étrangers.

— Que désirez-vous ?

— C'est Mgr de Tripoli que nous attendons.

— Mais enfin, ce que Mgr de Tripoli fait ici, l'Archevêque peut bien le faire ! Que désirez-vous ?

— Nous attendons une réponse au sujet d'un projet eucharistique.

— Mgr de Tripoli m'a mis au courant. Oh ! non, c'est purement contemplatif. Je n'en suis pas pour ces choses-là, non, non !

— Mais, Monseigneur, Votre Grandeur se trompe sur notre but. Ce n'est pas une société purement contemplative. Nous adorons sans doute mais nous voulons aussi faire adorer. Nous devons nous occuper de la première communion des adultes...

— Ah ! C'est l'œuvre qui me manque, l'œuvre que je désire ! »

Immédiatement, l'archevêque les prit par le bras et les conduisit dans la salle du conseil où se trouvaient déjà Mgr de Tripoli et le P. Carrière, supérieur de Saint-Sulpice. Le Père Eymard raconte lui-même ce qui arriva :

« Sa Grandeur propose l'Œuvre avec éloges. M. de Tripoli l'appelle le couronnement de toutes les Œuvres d'adoration de Paris. M. Carrière y applaudit. Mgr l'Archevêque l'autorise et l'approuve avec une bonté toute paternelle et nous dit : Dès aujourd'hui, vous êtes mes enfants. »

Le P. Eymard, cependant, demanda que la question de la dispense de ses vœux soit traitée à part. Une rencontre fut prévue pour le lendemain. Lorsqu'il se présenta, il se trouva devant trois évêques, Mgr de la Bouillerie ayant été invité par les deux autres à prendre part à la discussion.

Après avoir entendu le Père Eymard décrire en détail son cheminement spirituel polarisé par l'attrait eucharistique, et les étapes traversées pour en éprouver l'authenticité, les trois évêques reconnurent que la divine Providence avait vraiment été à l'œuvre dans cette affaire. Ils confirmèrent la décision prise la veille, et donnèrent au Père les assurances dont il avait grandement besoin pour se lancer de tout cœur dans le projet eucharistique et mettre de côté ses doutes et son indécision une fois pour toutes. Il était venu à Paris en quête d'une certitude : on la lui donnait !

Les trois évêques affirmaient clairement :

« La volonté de Dieu s'est manifestée trop clairement pour l'Œuvre eucharistique. Dieu a tranché lui-même la difficulté. Il faut vous consacrer à cette Œuvre ; il n'y a plus à balancer, il faut aller de l'avant. »

Le soir même il écrivait au P. Favre :

« Enfin, après douze jours d'attente, de prières, de larmes et d'abandon, l'épreuve est finie : on m'a répondu par deux fois que l'on croyait que la volonté de Dieu était que je me dévouasse à l'Œuvre du T.S. Sacrement... Je ne vous dis pas les peines, les tentations, les épreuves par lesquelles il a plu à Dieu de me faire passer. Je ne vous dis pas non plus combien il en coûte à mon cœur, à mon âme, à tous mes sentiments, de faire ce pas, ce grand pas (que je pourrais appeler celui de l'agonie) ; car je ne vois que la croix et le calice, heureux encore si Dieu daigne agréer mon sacrifice ; mais ce que je puis dire en toute simplicité, c'est que je serai toujours de cœur, de reconnaissance et par le dévouement filial, l'enfant de la Société de Marie... Comment n'aimerais-je pas une Société qui a été une mère si bonne et si tendre pour moi ?... »

Le P. Favre ne tarda pas à répondre à son vieil ami, dans une lettre datée du 20 mai :

« Voilà enfin une affaire terminée ! Que la sainte volonté de Dieu soit faite et non la nôtre. Tout ce que je puis vous dire, c'est que je désire bien sincèrement que Dieu vous bénisse, vous et votre Œuvre... Continuez, je vous prie, à me donner de vos nouvelles qui m'intéresseront toujours vivement. La séparation qui s'est opérée entre nous ne nous empêchera pas de nous aimer toujours dans les Cœurs de Jésus et de Marie. »

C'est sur un nouveau sentier que le P. Eymard s'engageait maintenant, après avoir marché si longtemps dans l'obscurité de l'incertitude. Quitter les maristes était douloureux et commencer une nouvelle communauté religieuse n'allait pas être de tout repos. Toutes les tractations en vue de son départ de la Société et la recherche de l'approbation du nouveau projet l'épuisèrent totalement. Il attrapa une violente pneumonie, ce qui l'obligea à chercher refuge chez des amis au château de Leudeville, au sud de Paris.

Le projet eucharistique du Père Eymard le plaçait dans le courant du renouveau de la dévotion au Saint-Sacrement qui se développait, alors, dans l'Église de France. Même si les gens communiaient encore très rarement, certaines pratiques de dévotion constituaient une semence destinée à favoriser une pratique eucharistique plus profonde. En réaction contre les habitudes et la mentalité de son époque, le P. Eymard encourageait la communion fréquente. Certains de ses amis se trouvaient également au centre du renouveau de la pastorale des dévotions eucharistiques. Parmi ceux-ci Hermann Cohen et Raymond de Cuers avaient avant le départ du Père Eymard de chez les maristes lancé l'Œuvre de l'Adoration nocturne, tandis que Mère Dubouché avait fondé une Congrégation de femmes vouée à la prière devant le Saint-Sacrement. Pour sa part, Mlle Marie Tamisier allait devenir l'initiatrice des Congrès eucharistiques.

La principale contribution du Père Eymard à cette prise de conscience du rôle de l'Eucharistie dans la vie chrétienne s'exprime peut-être dans sa conviction que l'Eucharistie doit se trouver à la source de tout renouveau du catholicisme. Cette intuition qui illuminait sa propre vie devint finalement la pierre angulaire de son testament spirituel.

II

« Jusqu'ici, le soleil de l'Eucharistie
ne s'était pas levé encore.
Mais toutes les grandes richesses eucharistiques
s'ouvrent devant nous.
Il y a de quoi stupéfier.
Nous n'en voyons qu'un rayon.
Qu'en sera-t-il plus tard ? »

Pierre-Julien Eymard, 1867.

6

Un nouveau départ

« Dieu y pourvoira, c'est son œuvre. »

Première communauté

Après avoir repris un peu de force parmi ses amis à Leudeville, le P. Eymard revint à Paris à la fin du mois de mai 1856. Il avait passé quelque temps à réviser le texte de la future Règle pour la Congrégation du Saint-Sacrement. C'était ce texte qu'il avait envoyé à Rome par le P. Touche.

Le 1er juin, il avait déménagé avec le Père de Cuers rue d'Enfer, dans un édifice délabré qu'il avait loué au diocèse avec l'argent de la pension du P. de Cuers. Le P. Eymard se refusait à demander de l'argent aux amis qu'il s'était faits tout au long de son fructueux ministère chez les maristes, dans la crainte d'indisposer ses anciens confrères et pour maintenir ses bonnes relations avec la Société de Marie.

Il écrivait à un ami : « *Nous avons commencé, comme on commence dans un désert : avec une paire de draps, une chaise, une cuillère non pas deux.* »

Raymond de Cuers et Pierre-Julien Eymard

Tant qu'ils n'ont pas pu s'acheter tout le nécessaire pour cuisiner, ils ont dû aller prendre leurs repas dans un restaurant modeste du quartier.

Deux étudiants, récemment convertis du judaïsme et sur le point d'entrer au séminaire, leur donnèrent des meubles. Puis, une religieuse d'un couvent des environs leur envoya un repas tous les jours.

Même si les réparations essentielles étaient assumées par l'archevêque, les pères Eymard et de Cuers s'offrirent comme aides aux ouvriers afin de réduire les coûts : ils ont été manœuvres et même cireurs de parquets ! À la fin de septembre, la petite communauté comptait quatre membres : deux prêtres, un portier et un cuisinier.

Malgré les économies et les privations, les problèmes financiers semblaient plutôt s'accroître. Un jour, comble de malheur, le cuisinier s'enfuit avec la caisse ! Voici comment le Père décrit la situation :

« *Une croix bien sensible vient de nous arriver. Le commissaire de police, les agents, le secrétaire du préfet, et, ces jours-ci, le juge d'instruction, voilà les visites que nous recevons. Nous étions volés tous les jours par notre cuisinier, et il n'y allait pas de main-morte, lorsque la justice de Dieu l'a livré à la justice des hommes. Il volait à l'aide d'une fausse clef, et ce malheureux est en prison, et il sera peut-être condamné au bagne, et moi je devrai paraître aux assises. Jugez comme cela est pénible. Nous rions du vol en disant : Dieu nous trouvait trop riches ! Mais quelle épreuve : il a pris l'argent destiné à la chapelle. Dieu y pourvoira, c'est son œuvre.* »

En décembre, le « Cénacle » (nom donné par le Père Eymard à son centre eucharistique) était pratiquement terminé, mais les disciples ne venaient pas. La déprime menaçait de les envahir. Sans lui céder, le Père écrivait à un ami :

« À la grâce de Dieu ! Ce n'est pas à nous à faire des vocations mais à les recevoir de la bonté divine. C'est le Roi qui invite et non le serviteur. Nous avons le bonheur d'avoir toujours avec nous Jésus, quoi de plus heureux ? Si ce bon Maître veut que nous restions seuls durant quelques mois, un an, deux ans, qu'il en soit béni ! C'est ce qu'il y aura de mieux pour nous. Pouvons-nous acheter trop cher le bonheur d'être sa famille eucharistique ? Le monde et les amis, qui ne jugent des choses que par le succès, le nombre et la fortune, riront de nous, ou nous regarderont comme stériles et sans crédit, etc. Quel bon fumier pour le grain de l'arbre ! »

Vers la fin de ce mois, deux prêtres vinrent frapper à la porte de la communauté naissante. On pouvait maintenant fixer une date pour la première cérémonie publique d'exposition du Saint-Sacrement. On choisit le 6 janvier, fête de l'Épiphanie. L'évêque Hartmann, de Bombay, alors en visite à Paris, présida cet événement mémorable.

Pour se préparer à cet événement spécial, le P. Eymard fit personnellement certains sacrifices. C'est à cette époque qu'il mit de côté la petite calotte de velours qu'il portait pour prévenir ses maux de tête violents et un nouvel accès de pleurésie. Il abandonna également le port d'un bandage au bras auquel la médecine de l'époque attachait une grande importance pour prévenir le retour des maladies chroniques. Enfin, il sacrifia son tabac à priser.

« C'est le 8 décembre que j'ai demandé à la sainte Vierge de quitter le tabac et la calotte, et cette bonne Mère me l'a obtenu ; jusqu'à présent j'en suis heureux et cela ne me coûte plus. C'est un petit sacrifice, et autour de Notre-Seigneur, ce sera plus convenable. »

Une nouvelle épreuve les frappa, ainsi que tout Paris, quand l'archevêque, leur soutien et ami, mourut poignardé par un assassin pendant qu'il présidait à l'église Saint-Étienne.

Le Père Eymard écrivait à ce moment là : « *La mort de l'Archevêque nous a tous bien affligés, il était si bon pour nous ! Cette mort si cruelle vient nous dire encore que Dieu seul veut nous protéger.* »

1857 : l'année de la désolation

Tout au long de ce premier hiver, la pauvreté fut leur compagne habituelle. Ils allèrent jusqu'à vendre leurs propres livres pour ne pas mourir de faim. Le journal du P. Eymard témoigne de cet état de misère : « *Jeudi, 26 février, plus d'argent. — Vendredi, 27, le P. de Cuers tombe malade d'émotion. — Samedi, 28, idem : nous n'avons reçu de secours de personne.* » Accablé, le Père implorait : « *Oh ! Seigneur Jésus, donnez-moi d'espérer contre toute espérance !* »

Les candidats venaient et repartaient. La communauté ne dépassa jamais le nombre de six. Tous ceux qui venaient étaient sans ressources et augmentaient les dépenses. À son amie, Marguerite Guillot, il écrivait : « *C'est le moment des douleurs du Calvaire ;*

c'est ce qui me fait espérer que le sacrifice sera béni. »

Le printemps ne leur apporta ni promesse de vie ni rayon de soleil. Au contraire, au début de mars, on les informa qu'ils auraient à libérer les lieux, car le nouvel archevêque, le cardinal Morlot, désirait utiliser la propriété en question. Ils couraient le risque de se retrouver parmi les trente mille familles évincées de leur logis en raison des projets en cours pour percer la ville par de spacieux boulevards. Les semaines passaient sans qu'ils ne trouvent rien. En cette cure d'embellissement, Paris comptait plus d'immeubles détruits que de maisons ouvertes aux évacués. Tous les jours, le P. Eymard partait à la recherche d'une propriété. Un soir, fin avril, épuisé d'avoir parcouru les rues et découragé de n'avoir rien trouvé, il revint à la petite communauté pour y apprendre le départ du P. de Cuers. On lit dans son journal :

« *Ah ! Seigneur, vous du moins restez avec nous et vous nous suffirez !... Tout appui humain nous manque ; pour moi, je suis dans les plus grandes ténèbres, dans un état de désolation ; je vais commencer une neuvaine d'action de grâces.* »

Vingt-quatre heures plus tard le Père de Cuers revenait quelque peu embarrassé de sa fugue mais résolu à ramer en dépit de la violence des vents contraires. Ils passèrent l'été à lutter contre la pauvreté et l'incertitude, pendant que la santé du P. Eymard se détériorait sous les coups. En août, il fut contraint de partir pour se soigner. Absent de sa communauté pendant cinq semaines, il la retrouva en septembre dans un état plus lamentable encore. Les deux postulants étaient partis et la petite communauté était victime de calomnies de la part de quelques prêtres. Même son vieil ami, le Père Hermann Cohen était contre lui et sa nouvelle société. Toutes ces rumeurs au sujet du P. Eymard et de son petit groupe étaient même parvenues aux oreilles de l'archevêque. En octobre, le Père fut convoqué pour présenter les documents autorisant son projet eucharistique. Après avoir jeté un coup d'œil sur les papiers que le Père lui tendait, l'archevêque les remit à l'archiprêtre qui déclara qu'ils n'avaient aucune valeur officielle et les jeta au panier.

Embarrassé et humilié, le Père repartit chargé d'un nouveau fardeau, le rejet de l'archevêque. Dans son trouble, il avait oublié de demander qu'on lui remette ses documents. Il lui fallut deux jours pour se décider à retourner les demander, mais il fut impossible de les retrouver. Il revint à la communauté complètement défait.

Quelques jours plus tard, le secrétaire de l'archevêque vint frapper chez lui pour porter un remède au traitement qu'on lui avait infligé. Il lui demanda de relater par écrit les événements qui l'avaient conduit à quitter les maristes et comment il avait commencé l'œuvre eucharistique avec l'approbation de l'ancien archevêque. Le Père y consentit. Dès lors, l'attitude de l'archevêque vis-à-vis du P. Eymard changea totalement au point qu'il lui envoyait ses prêtres en difficulté en leur disant : « *Faites tout ce que vous dira le P. Eymard, je ne connais pas de plus saint prêtre que lui.* »

Cette réconciliation avec l'archevêque lui rendit la joie. Ses épreuves, cependant, étaient loin d'être terminées. Il apprit que la propriété avait été vendue et qu'ils devraient déménager au début de l'année suivante. Il fallait activer les recherches. Finalement, on trouva une propriété dans le même quartier, au faubourg Saint-Jacques. Mais les négociations s'enlisèrent si bien qu'à Noël la petite communauté ne savait pas encore si elle aurait un toit l'année suivante.

Le jour de Noël, il écrivait à son amie Marguerite Guillot :

« *Ce jour de Noël est un jour de douleur pour moi. J'étais hier au soir, d'adoration de onze heures à minuit : j'étais fort ; aujourd'hui, je voudrais verser quelques larmes, cela me soulagerait. Hier, en allant à l'archevêché pour parler de cette maison, j'ai pleuré, chose qui ne m'était pas arrivée depuis bien longtemps...* »

La nouvelle propriété fut acquise le 19 février, au faubourg Saint-Jacques, mais ils ne purent y emménager avant Pâques pour y célébrer et exposer le Saint-Sacrement. La petite communauté enfin installée dans son nouveau « Cénacle », pouvait retrouver un peu de sérénité.

Œuvre de première communion et d'évangélisation

L'Œuvre de la première communion, surtout chez les adultes, avait particulièrement intéressé l'archevêque de Paris. C'est ce qui avait permis au

P. Eymard d'obtenir l'approbation de son projet. Des mouvements et des communautés eucharistiques jaillissaient dans toute la France, mais l'archevêque Sibour avait perçu très justement que l'intuition du P. Eymard ne se limitait pas uniquement à l'adoration du Saint-Sacrement, aussi nécessaire qu'elle soit, mais visait à rejoindre les adultes qui se sentaient étrangers à l'Église afin de les évangéliser. Au début, cependant, le P. Eymard dirigea son ministère auprès des jeunes travailleurs qui formaient une grande partie du marché du travail. Voici comment il décrit les travailleurs qui formaient ses classes de catéchisme :

« *Il s'agit des enfants ouvriers, vagabonds, ou mis en apprentissage de bonne heure et qui ont laissé passer l'âge de la première communion... On les compte par milliers à Paris : chiffonniers, cordiers, allumettiers, usiniers fournissent les recrues prises dans le monde du travail, le reste se recrutait dans le monde de ceux qui ne font rien, des indigents et des mendiants.* »

Le P. Eymard s'allia avec un jeune laïc, Louis Perret, qu'il avait connu à Lyon, pour faire les premières démarches auprès des jeunes travailleurs de Paris. Ce laïc, architecte, prit l'initiative de pénétrer dans le monde des travailleurs en visitant des usines et des ateliers et il réussit à obtenir qu'une trentaine d'entre eux s'inscrivent au cours de catéchisme. Plus tard, lorsque l'œuvre aura pris de l'envergure, le P. Eymard demandera le secours des jeunes hommes de la Société Saint-Vincent-de-Paul, ou d'autres venant à lui pour leur direction spirituelle.

Pendant quatre mois, le P. Eymard s'occupa d'un groupe d'adolescents indisciplinés, tapageurs, et à la capacité d'attention fort limitée. Ce n'est qu'à force d'amabilité et de récompenses et même en organisant une tombola que le P. Eymard finit, non sans peine, par obtenir leur confiance et leur respect. Lorsque les progrès étaient satisfaisants, les participants pouvaient faire leur première communion. Et ceux qui « étaient promus » devaient se trouver des remplaçants. Par ce moyen, le P. Eymard parvint à assurer la continuité de cet apostolat.

« Pour obtenir de ces jeunes ouvriers le silence, l'application et l'étude, il établit une loterie d'objets utiles ou agréables, comme vêtements, livres, friandises, etc., tout ce qu'avait offert l'ingénieuse charité des bienfaiteurs de l'Œuvre. Ces objets étaient classés en diverses séries selon leur valeur; chaque série correspondait à un nombre déterminé de bons points (...) qui se donnaient après chaque catéchisme... Chaque nouveau communiant qui quittait devait trouver son remplaçant. Selon l'âge de celui qu'il amenait, on le payait par un plus ou moins grand nombre de bons points. Plus celui-ci était âgé, plus la somme était forte ! Quand les enfants avaient la chance de capturer un jeune homme de 18 ou 20 ans, c'était un triomphe. Les bons points ainsi gagnés servaient de billets à une loterie plus riche, dite des remplaçants, qui avait lieu le dimanche qui suivait la première communion. Ce mode de recrutement fut le plus ingénieux et le plus efficace inventé par le Père. »

Dans une lettre à son ami, M. Perret, il écrivait une fois que le système de la loterie « fonctionne toujours à merveille ».

Une autre fois il lui écrivait à propos de son travail :

« Nos chers enfants sont les missionnaires du bon Dieu. Vous dire tout ce qu'ils font pour découvrir ceux qui, dans les ateliers, n'ont pas fait leur première communion, les amener, les encourager, c'est admirable ! Ils se glissent partout avec une adresse et une grâce charmantes... »

Et ces jeunes missionnaires ne recrutaient pas seulement des copains. Le Père Eymard se rappelle :

« Par nos enfants nous allons facilement aux parents. Que de fois ces derniers, profondément touchés des progrès et du bonheur de leur fils, sont venus trouver le Père catéchiste. »

Le P. Eymard n'abandonna pas à leur sort ses jeunes chiffonniers lorsqu'ils eurent fait leur première communion. Il leur organisa un « Club des travailleurs », les invita à se réunir de nouveau chaque année pour une retraite, et il pensa à mettre sur pied une bibliothèque pour les plus âgés.

À la fin de la première année, une centaine de jeunes et d'adultes avaient fait leur première communion. Le programme avait un tel succès que des cérémonies avaient lieu trois fois par an, habituellement à Noël, Pâques et l'Assomption.

Étant donné que ces jeunes étaient des travailleurs, ils ne pouvaient être catéchisés qu'après leur journée de labeur : tâche à la fois pénible tant pour eux que pour les religieux astreints à sacrifier leurs récréations du soir. Le P. Eymard dira un jour à la communauté :

« Je suis bien content, notre ministère n'a pas d'éclat. Nous avons 50 enfants que nous instruisons au lieu de

prendre nos récréations du soir... Si, au lieu de ces enfants nous avions seulement 12 princes à instruire, on dirait : Voyez ces Messieurs, quel grand Ordre !... Que le monde est insensé ! Pour nous, ce sont des rois, ils représentent Jésus-Christ qui a dit : Ce que vous faites au moindre des miens, c'est à moi que vous le faites ! »

Un jour en voyant le grand nombre de chiffonniers qui venaient à ses classes de catéchisme, le Père Eymard déclara à sa communauté :

« *La Congrégation a la plus belle fin à laquelle un Ordre religieux puisse aspirer, elle doit donc avoir aussi la plus belle mission : à savoir tout ce qu'il y a de plus misérable, de plus vicieux. Que voulez-vous, quand on a nommé les chiffonniers, on ne peut descendre plus bas. C'est une belle mission. Elle rappelle la seconde invitation de Notre-Seigneur pour l'Eucharistie. La première fut pour les grands, qui refusèrent... Que dit le roi ? Allez dans les carrefours, sur les places, prenez les aveugles, les borgnes, les boiteux, tout ce que vous pourrez trouver... Tel a été notre premier ministère. Or, ce qui a eu lieu dès le commencement est probablement notre mission.* »

Dans un autre article de son journal il décrivait combien il avait été ému jusqu'aux larmes, tellement il était heureux de voir trente-sept adultes qui faisaient leur première communion le jour de la fête de l'Assomption. À Noël il prêcha et célébra la messe pour quarante-deux jeunes gens qui, en présence de leurs familles, faisaient leur communion pour la première fois. Après la cérémonie, « un déjeuner avait été organisé, composé de saucissons, pâtés, compote de pommes, pain et vin ». À trois heures ils reçurent la confirmation, suivie de la bénédiction du Saint-Sacrement. « Ensuite ils reçurent leurs souvenirs et leurs chapelets. Le temps était mauvais : il avait neigé toute la journée. »

Comme on le voit, l'œuvre du P. Eymard ne se bornait pas à préparer les communiants seulement du point de vue spirituel. En effet, il leur trouvait aussi des vêtements décents afin d'éviter leur embarras quand ils allaient à l'église. Il leur offrait à manger et à boire après la classe. Il leur fit même de petits cadeaux pour leur rappeler son affection et pour qu'ils n'oublient pas le jour de leur première communion.

Cette image du P. Eymard s'occupant des besoins matériels et spirituels de ses « clochards », comme certaines dames aisées se plaisaient à les appeler, vient en contradiction avec les déclarations de certains ecclésiastiques de cette époque. Dans une lettre pastorale un évêque écrivait : « Nous vous apportons, pauvres, les espérances de la religion comme une magnifique compensation de ce que la fortune vous refuse et un motif puissant de résignation et de patience. » Un autre disait : « Au pauvre, à l'indigent et à tous ceux que la crainte de manquer des choses nécessaires à la vie inquiète et agite, la Religion dit : Pourquoi tant de sollicitudes, pourquoi tant de préoccupations (...) : votre Père céleste ne sait-il pas ce qui vous convient ? (...) C'en est assez pour que le malheur qui vous accable soit supporté avec résignation, avec courage, avec reconnaissance, avec joie même... »

Mais à mesure que l'Œuvre croissait en nombre, augmentaient aussi les dépenses. Car lorsque le P. Eymard insista sur la retraite de trois jours comme préparation à la première communion, il fut même contraint de payer les salaires de ces ouvriers qui ne pouvaient se permettre trois jours de congé. Très souvent, il a dû leur fournir aussi leurs repas. Deux fois par an, le Père allait prêcher dans des églises importantes de la capitale, pour essayer de recueillir les fonds nécessaires. Il n'avait pas honte de mendier pour subvenir aux besoins de son ministère. Parfois il glissait quelques mots délicats à ce sujet dans sa correspondance pour éveiller la générosité de ses amis. Il se sentait heureux de leur donner l'opportunité d'aider les pauvres et les faire participer à son ministère. On peut dresser une longue liste de ces personnes ; mentionnons seulement la comtesse d'Andigné, la marquise de Fraguier, Mme Wiriot, Mme de la Bouralière. Plusieurs d'entre elles étaient veuves et avaient hérité de grands biens dont elles voulaient faire profiter les œuvres religieuses.

Même si son ministère visait de préférence les chiffonniers et les ouvriers, le Père ne refusait personne qui se présentait pour recevoir une instruction religieuse. On affirme même qu'un certain nombre de convertis, protestants et juifs, furent préparés par lui pour recevoir les sacrements.

Les débuts de la Congrégation du Saint-Sacrement abondent d'histoires de ce genre. En voici un autre exemple rapporté par le P. Eymard lui-même dans la revue *Le T.S. Sacrement*.

Parmi les quarante-trois jeunes ouvriers qui firent leur première communion, l'un d'entre eux, âgé de dix-huit ans se distinguait par sa joie très expansive : « *Que je suis heureux, j'ai reçu le bon Dieu ! J'ai vécu dix-huit ans comme une bête; dix-huit ans perdus, mais je vais les rattraper par mes efforts !* » Et Dieu sait déjà les efforts que sa première communion lui avait coûtés : ne sachant pas lire, il allait jusqu'à sacrifier ses sous pour les offrir à un camarade qui voulut bien lui apprendre le catéchisme qu'il portait toujours avec lui. Ce soir-là, après les cérémonies de la première communion, il repartit donc tout triomphant pour aller rejoindre sa mère aveugle qui n'avait pu venir participer à la fête. Il lui sauta au cou et l'embrassa : « *Que je suis heureux, maman ! Tu verras comme je serai plus sage maintenant...* » Mais soudain il s'arrêta : sa mère pleurait ! « *Tu n'es donc pas contente que j'aie fait ma première communion ? — Bien sûr, mon petit, mais je ne puis m'empêcher de pleurer... il faut que je te dise... je suis bien malheureuse... je n'ai pas fait ma première communion !* » Le jeune embrassa sa mère encore plus fort et la rassura : « *Sois tranquille, tu feras ta communion toi aussi, je te mènerai au Père. — Mais je ne sais pas mon catéchisme. — Ne t'inquiète pas, je t'apprendrai !* » La mère devint disciple de son fils. Le jour tant désiré arriva. Notre jeune homme conduisit sa mère à la sainte Table. « *Jamais*, conclut le P. Eymard, *riche mondain ne fut plus heureux que ces deux pauvres, dénués de tout !* »

Parfois, le zèle du Père le mettait dans des situations plus dangereuses. Témoin ce petit fait raconté par le frère portier de la communauté. « *Il me demanda un jour de l'accompagner dans un quartier appelé La Fosse-aux-Lions. C'était le repaire de tout ce qu'il y avait de plus dégradé dans Paris. Il y était appelé pour faire un baptême. Le Père fut accueilli par des insultes. Mais plusieurs enfants, à qui il avait donné la première communion, le reconnurent et se mirent à le saluer joyeusement, au grand étonnement des parents qui, apprenant qui il était, se montrèrent tout à fait radoucis et transformés. Les enfants, tout fiers, disaient à qui voulait les entendre : Nous ne voyons pas de policiers dans notre quartier, ils n'osent pas, mais nous y voyons très souvent le bon P. Eymard !* »

Quelques années plus tard, durant un voyage en Belgique, le P. Eymard écrira que son plus cher désir est de voir l'Œuvre de la Première Communion se répandre en plusieurs centres de Paris, et même à Bruxelles. En effet, le P. Eymard inscrira dans ses Constitutions cette œuvre de première communion des adultes comme l'apostolat de la nouvelle Société.

Des dames venues de Lyon

Peu de temps après s'être installé avec le P. de Cuers à Paris, le P. Eymard entra en contact avec un groupe de dames de Lyon qu'il avait connu alors qu'il était directeur du Tiers Ordre de Marie. La directrice était Marguerite Guillot, jeune dame pieuse et compétente, qui avec ses trois sœurs avait ouvert un atelier de couture et de repassage, dont elle tenait les livres. Elle avait choisi le P. Eymard comme directeur spirituel, et celui-ci en retour avait été frappé par son esprit religieux et son ardente dévotion.

Lorsque le P. Eymard se rendit compte que son Œuvre de la Première Communion devrait aussi s'occuper des jeunes filles, il pensa aussitôt à Mlle Guillot. Il avait déjà été aidé par quelques dames venues de Toulon et qui avaient participé pendant quelque temps au groupe de prière d'adoration eucharistique dirigé par les maristes à Toulon. Mais il songeait à quelque chose de permanent, relié à sa Congrégation : en somme, une branche féminine de la Société du Saint-Sacrement. C'est ce qu'il avait en tête en invitant Marguerite à Paris. Elle arriva, en mai 1858, avec sa sœur Claudine et une amie, nommée Benoîte.

Durant six ans, les dames partagèrent leur vie de prière avec celle des pères et des fidèles. Chaque matin, après leurs prières personnelles, elles se dévouaient à préparer les jeunes filles pour leur première communion. Elles conservaient alors leurs vêtements laïcs et les gens leur donnèrent le nom de « Dames du Saint-Sacrement ». Quelques années plus tard, le P. Eymard les constitua en communauté religieuse et elles déménagèrent à Angers : c'est là qu'elles prirent l'habit et le nom de « Servantes du Saint-Sacrement », un nom qui, leur dit-il, décrit la vie de Marie au Cénacle avec les apôtres. Bien qu'il désirait vivement qu'elles acceptent le nom de Servantes, pour les pauvres de Paris elles étaient toujours connues comme les Dames (catéchistes) du Saint-Sacrement.

Cette communauté se développa malgré des difficultés énormes inhérentes à toute nouvelle fondation. Le P. Eymard continua à s'en occuper en leur donnant de nombreuses conférences et retraites. Mais, pour tout ce qui touchait au développement interne de la commuanuté, Marguerite Guillot se montra une directrice courageuse qui ne refusa aucune souffrance pour donner la vie à cette Congrégation. Ses filles spirituelles l'ont toujours appelée avec estime et affection : la *Mère* Marguerite.

« Une vie purement contemplative ne peut être pleinement eucharistique »

Il y avait un prêtre de Lyon, le P. Antoine Chevrier, qui se consacrait à un ministère semblable à celui du P. Eymard, c'est-à-dire préparer les enfants pauvres à la première communion. Dans une lettre au P. de Cuers, le P. Eymard écrivait qu'il avait reçu une lettre du P. Chevrier et il profita de l'occasion pour mettre en évidence l'importance de cet apostolat :

« Je reçois à l'instant cette lettre de ce saint prêtre que je connais, cela me sourit, j'aime cette Œuvre des Premières Communions, c'est l'Œuvre royale des noces eucharistiques, à Lyon elle serait belle ! Il faut une œuvre avec l'adoration. »

Quelque temps après le P. Eymard écrivait de nouveau au P. de Cuers pour lui expliquer son désir d'amplifier son travail de première communion, et comment il pensait l'accomplir en combinant ses efforts à ceux du P. Chevrier, qui avait exprimé le souhait de se joindre à la communauté du Saint-Sacrement :

« Il y a cinq jours, j'ai fait une apparition à Lyon. M. Chevrier désirait me voir... J'ai été bien édifié. M. Chevrier a la belle Œuvre de la Première Communion... À nous aussi, il nous faut une œuvre d'occupation de zèle eucharistique, autrement nos adorateurs, dans les temps libres, perdront leur temps... Une vie purement contemplative ne peut être pleinement eucharistique : le foyer a une flamme. »

Cependant, malgré leur désir de fusionner leurs œuvres, l'union ne se réalisera pas ; non à cause de divergences de vues, mais tout simplement parce que l'archevêque de Lyon refusait de laisser aller ce saint prêtre vers une communauté religieuse nouvellement fondée et qu'il n'avait pas encore accueillie dans son propre diocèse. Et pourtant, le P. Eymard avait espéré justement que cette union lui ouvrirait les portes de Lyon. Quant au P. Chevrier, il fondera sa propre congrégation de prêtres vivant au milieu des pauvres. Il fut béatifié en 1986.

Premier voyage à Rome

Vers la fin de 1858, après deux ans de lutte pour survivre, la communauté naissante du faubourg Saint-Jacques comptait douze membres : sept prêtres et cinq frères. Ensemble, ils avaient travaillé à l'établissement de ce petit Cénacle comme une oasis dans la bourdonnante capitale de France. Tout au long de l'année qui suivit, le Père et ses disciples continuèrent leur ministère auprès des défavorisés, tout en maintenant une intense vie de prière, contemplant la sainte Eucharistie dans leur petite chapelle où prêtres et laïcs étaient invités à partager quelques moments de leur vie en la présence réconfortante du Saint-Sacrement. Le P. de Cuers s'occupait particulièrement de promouvoir l'adoration nocturne, une pratique de la prière durant la nuit comme il l'avait fait auparavant avec Hermann Cohen, pianiste renommé et juif converti.

Encouragé par ces quelques réalisations apostoliques, le P. Eymard décida que le temps était venu de demander pour sa communauté du Saint-Sacrement une reconnaissance formelle de Rome. Tant qu'il n'aurait que l'approbation de l'archevêque de Paris, son petit groupe ne pourrait pas facilement s'étendre dans d'autres diocèses. Le P. de Cuers songeait déjà à Marseille comme site d'une deuxième communauté possible. Bruxelles, également, réclamait une fondation. Dès novembre 1859, le Père avait déjà préparé l'ébauche d'une pétition à présenter au Saint-Père en vue d'une approbation par le Vatican. Mais il fallait d'abord que cette requête soit appuyée par plusieurs évêques.

Résolument confiant, il en visita un certain nombre. La réponse fut enthousiaste. Il obtint l'appui de l'évêque de Grenoble, son diocèse d'origine ; de l'archevêque de Lyon, où il avait œuvré plusieurs années et où il était estimé ; de l'évêque Wicart de Laval, un vieil ami ; de Mgr de Mazenod, qui espérait voir s'établir une communauté du Saint-Sacrement dans son propre diocèse et, naturellement, de l'archevêque de Paris qui déclarait que les prêtres et les frères du cénacle méritaient bien la bénédiction de l'Église en raison de leur profonde dévotion à l'Eucharistie et de leur zèle apostolique.

Armé de ces témoignages favorables, le Père prit le bateau pour Rome où il arriva le 8 décembre, et se logea au Séminaire français. Il écrit à Marguerite Guillot :

« *Je suis arrivé à Rome sans accident et sans grande souffrance ; je n'ai pas pris le mal de mer. Ma première messe a été dite sur le corps de sainte Catherine de Sienne, chez les dominicains à la Minerve, elle qui a tant aimé Notre-Seigneur au Saint-Sacrement...* »

Après sa messe, il se rendit à la basilique Saint-Pierre et y entra « sur les genoux ». Voici comment le Père exprimait ses impressions :

« *Quand on entre dans l'église de Saint-Pierre, on est saisi de ce sentiment de foi, de piété, d'admiration qui vous transporte et vous élève vers Jésus-Christ ; la parole n'est plus assez puissante, ni assez vive, pour dire le besoin du cœur. Là, on est fier d'être catholique ! Que j'étais heureux de prier sur ce tombeau de saint Pierre, de dire la messe dans cette chapelle souterraine, l'objet de la vénération de tous les siècles !* »

Le 20 décembre, il était escorté pour se rendre en présence de Pie IX. Après cette rencontre, il écrit à une amie :

« *J'ai vu le Souverain Pontife, il nous a bénis et accordé de précieuses indulgences. Il a été d'une bonté très grande. Il m'a dit qu'il examinerait ma supplique, que dans douze jours il me rendrait réponse ; ainsi, il reste à bien prier !* »

Durant les deux semaines suivantes, le P. Eymard redoubla de ferveur. Souvent il retournait prier à la basilique Saint-Pierre, tantôt devant l'autel de la sainte Réserve, tantôt devant la Confession, allant sans cesse de l'un à l'autre. Il raconte lui-même un incident survenu au cours de l'une de ces visites :

« *Le soir du 5 janvier, j'arrivai près de la Confession. Il y avait beaucoup de visiteurs. Je me mis près d'une colonne, en prière, et là je perdis mes sens ; cependant je vous assure que je ne dormais pas ! Je ne sais combien de temps je restai, mais ce fut long, au moins deux heures. Quand je revins à moi, je regarde autour de moi : plus personne. Je me retourne. Que vois-je ? le pape se levait de son prie-Dieu qu'on avait placé derrière moi sans me déranger. Il s'en allait. Il était venu accompagné de gardes suisses et je n'avais rien entendu ! Je me retirai tout confus : ce à quoi m'aida puissamment la menace d'un Suisse, ennuyé de me voir planté devant lui... Le lendemain, je reçus mon bref laudatif, signé la veille par le Pape lui-même, au moment où je demandais à saint Pierre de m'exaucer !* »

Le jour suivant il reçut le « texte de louanges ». Ce document marque le premier pas conduisant à l'approbation définitive d'une congrégation religieuse ; celle-ci ne peut être demandée que si la congrégation compte au moins trois maisons religieuses. Il était signé par le Pape. Le P. Eymard se conforma aussitôt au nouveau statut acquis par sa petite communauté. Il revint promptement à Paris, et après une retraite d'une semaine, chaque membre de la nouvelle communauté du Saint-Sacrement professa ses vœux. Ce jour-là, le mercredi 2 mars, ils se réunirent tous à la chapelle à neuf heures du matin et après avoir chanté le Veni Creator pour demander les bénédictions de l'Esprit Saint, le Père Eymard leur adressa la parole, puis plaça le Saint-Sacrement dans l'ostensoir sur l'autel. Alors, s'agenouillant devant le Saint-Sacrement, il prononça le premier ses vœux à Dieu comme religieux du Saint-Sacrement. Chacun à son tour, fit de même.

Ainsi le Cénacle du faubourg Saint-Jacques devint la maison-mère de la Congrégation du Saint-Sacrement. Dès le lendemain, le P. de Cuers partait pour Marseille chercher un lieu d'implantation pour une seconde communauté.

7

Voyage vers l'intérieur

« Approuvés... mais non sanctifiés. »

De Cuers et Marseille

Les négociations avaient commencé avec l'évêque de Marseille, Mgr de Mazenod, bien avant que le P. de Cuers arrive dans cette ville pour y établir une communauté. Celui-ci connaissait bien la ville, du temps qu'il était officier de marine, ainsi que le diocèse, pour y avoir établi la société d'adoration nocturne quelques années plus tôt. La fondation marseillaise gardera très longtemps la marque militaire du P. de Cuers. La vie communautaire était solidement organisée et son programme d'adoration du Saint-Sacrement très structuré. Plus que toute autre maison, celle-ci, au temps même du fondateur, mit en valeur dans toute sa magnificence le culte de l'exposition du Saint-Sacrement, et exalta la royauté du divin Maître dans sa chapelle. C'est ici que, pour la première fois, on fit usage du *manteau royal*, longtemps associé à la Congrégation du Saint-Sacrement, pour souligner l'aspect royal dans le culte eucharistique. C'est ici, également, que fut inaugurée l'Agrégation du Saint-Sacrement, une organisation de laïcs partageant les mêmes buts que la Congrégation, et dont les membres s'engageaient à venir prier une heure par mois devant l'Eucharistie. Enfin, c'est à Marseille encore que fut rendu pour la première fois un culte public à Marie sous le titre de *Notre-Dame du Saint-Sacrement*.

Ayant déjà quelques ressources, le P. de Cuers s'employa à décorer la chapelle. Il obtint même du P. Eymard que celui-ci lui envoie un artisan de Paris pour faire les travaux de menuiserie dans le sanctuaire. Comme c'était à prévoir, il se retrouva bientôt sans le sou. Mais la pauvreté, il la connaissait ! À Paris, pendant les années difficiles de la première fondation, ce n'était pas la pauvreté qui l'avait fait fuir car il ne pensait que très rarement à son bien-être personnel. En fait, son unique soutane était dans un état si pitoyable qu'il ne pouvait sortir de la maison. Parfois, des amis insistaient pour qu'il prenne un repas avec eux parce qu'ils savaient trop bien qu'il ne mangeait pas convenablement.

L'archevêque, mis au courant de la situation du P. de Cuers, écrivit personnellement au P. Eymard, l'invitant à venir prêcher dans sa cathédrale afin d'amasser des fonds pour sa pauvre communauté de Marseille. Le Père accepta aussitôt. Entre-temps, le vicaire général du diocèse envoya une lettre à tous les pasteurs annonçant cet événement et demandant qu'elle soit lue dans leur église et suivie d'une quête. L'évêque lui-même allait présider la cérémonie.

Le zèle du P. de Cuers pour embellir le trône n'avait pas d'égal, même chez le fondateur. Le jour de l'ouverture, un grand manteau royal en forme de blason fait de velours rouge, doublé d'hermine à l'intérieur et surmonté d'une couronne dorée, était dressée comme toile de fond pour l'ostensoir au-dessus de l'autel. La simplicité de la chapelle de Paris contrastait vivement avec le décor princier de Marseille.

On ne trouve aucun document démontrant que la communauté de Marseille ait jamais commencé l'Œuvre de la Première Communion parmi les enfants de la rue ou pour les adultes. Au contraire, la communauté de Marseille prit la marque distinctive de son supérieur, le P. de Cuers, pour qui le Saint-Sacrement était Seigneur et Roi, requérant attention jour et nuit. Le P. de Cuers, demeuré l'officier de marine, établit une structure pour maintenir un service perpétuel de prière devant le Saint-Sacrement, à l'image des quarts de veille sur un bateau. Alors que Paris, sous l'inspiration du P. Eymard, se développait différemment selon des visées plus apostoliques. Des années plus tard, quand le P. de Cuers succéda au P. Eymard comme supérieur général et que la communauté de Paris déménagea de l'autre côté de la Seine, près de l'Arc de Triomphe, elle laissa vite les chiffonniers loin derrière. Dès lors, la communauté de Marseille devint le modèle pour la Congrégation du Saint-Sacrement, et la ferveur du fondateur pour les pauvres et l'Œuvre de la Première Communion disparurent.

Mais pour l'instant, la nouvelle Congrégation attira bientôt l'attention de plusieurs évêques et certains d'entre eux invitèrent le P. Eymard à établir une communauté dans leur diocèse. L'une des premières demandes vint de l'évêque d'Arras qui désirait une communauté eucharistique vouée à la réparation. Le P. Eymard refusa parce que, pour lui, l'Eucharistie ne pouvait être limitée à cet aspect.

Puis, ce fut Angers, où la Société d'Adoration nocturne existait depuis 1850 et l'adoration diurne depuis 1854. Cette même année, l'adoration perpétuelle du Saint-Sacrement tous les jours de l'année fut établie dans différentes paroisses. L'évêque lui-même avait fondé un groupe de prêtres devant aller prêcher retraites et missions dans les églises du diocèse et que les gens avaient baptisés « *les prêtres de l'adoration* ». La communauté s'y établit en décembre 1862. Le P. Eymard arriva de Paris avec cinq religieux et resta environ une semaine. Il aimait beaucoup la fondation d'Angers. Dans une lettre à la comtesse d'Andigné, il écrit combien il aime prier dans la chapelle d'Angers où, aux pieds du Maître, « *j'oublie Paris, Marseille, La Mure; il me semble que je ne suis plus de ce monde* ».

Le Père revenait souvent à Angers pour prêcher et animer des retraites. Il était un prédicateur très populaire auprès de ces gens, animés d'une foi vive en l'Eucharistie. Ses retraites étaient tellement suivies qu'il en vint à craindre que les curés du voisinage soient mécontents en voyant leurs fidèles s'absenter de la paroisse pour venir à la clôture de la retraite, le dimanche matin. Ayant lui-même été curé, le P. Eymard ne se sentait pas offensé par l'attitude légitime des prêtres chargés de paroisse. Un dimanche, à la clôture de la retraite, il monta en chaire et dit aux fidèles :

« Mes très chers frères, je suis certes bien content de vous voir venir ici, mais je vous engage fortement à aller, au moins le dimanche, à la messe dans votre église paroissiale. Le devoir doit l'emporter sur la piété. Nous ne sommes pas venus prendre la place de Messieurs les curés, mais seulement pour être leurs auxiliaires. Moi aussi j'ai été curé, et j'aimais bien ma paroisse ! »

De retour à Rome

Maintenant que trois communautés (Paris, Marseille et Angers) fonctionnaient, le Père voulut sans tarder solliciter l'approbation dernière et définitive de sa Congrégation. Il avait appris que le pape Pie IX n'allait pas bien et il ne voulait pas courir de risque avec son successeur. Pie IX s'était montré tellement bien disposé envers la Congrégation du Saint-Sacrement que le Père Eymard alla de l'avant pour obtenir l'approbation du pontife, malgré le petit nombre de vocations.

En effet, plusieurs personnes étaient venues mais la plupart n'avaient pas persévéré. Un jour, un jeune homme du nom d'Auguste Rodin demanda à être admis dans la communauté. Le P. Eymard l'accepta et détecta tout de suite son talent de sculpteur ; il lui permit l'usage d'un petit atelier près du jardin. De temps à autre il s'y rendait et s'asseyait avec le jeune artiste pour tenter de faire le discernement de sa vocation. C'est probablement durant ces visites que Rodin sculpta un buste remarquable du P. Eymard, qui est considéré comme un chef-d'œuvre. Après quelque temps, Auguste Rodin trouva sa vraie vocation dans le monde artistique.

Le P. Eymard partit pour Rome le 9 mars, accompagné du P. de Cuers et d'un postulant, ami parisien de longue date. C'est cet ami qui avait pourvu le Cénacle de Paris de son premier ostensoir et qui maintenant offrait de payer ce voyage vers la Ville éternelle. Ce n'était nul autre que M. de Leudeville qui avait accueilli le Père, lors d'une maladie, quelques années auparavant.

Pendant trois jours ils furent ballottés par une mer déchaînée entre Marseille et Civitavecchia. Le Père, qui n'avait pas le pied marin comme son compagnon, fut malade tout le long du voyage. À Rome, ils demeurèrent chez les pères de Sainte-Croix qui desservaient la chapelle Sainte-Brigitte, place Farnèse, où il y avait l'exposition du Saint-Sacrement. Tous trois suivirent les offices de la semaine dans la Ville éternelle. Leur pétition avait été présentée au Saint-Père, mais il n'y avait pas un mot de réponse. Le P. Eymard priait, le P. de Cuers et M. de Leudeville visitaient les églises de Rome. Avril et mai passèrent sans rien apporter de nouveau.

Pendant ce temps, sur le plan politique, des troubles se préparaient dans les territoires pontificaux. Le roi Victor-Emmanuel rassemblait une armée au nord, dans le Piémont ; dans le sud, Garibaldi complotait pour reprendre les territoires pontificaux, et les troupes françaises demeuraient stationnées à Rome pour protéger leurs intérêts et pour défendre le Pape et ses revendications territoriales. À la fin l'effort des Français fut inutile car les États Pontificaux furent finalement absorbés par l'unification de l'Italie. C'était compréhensible que le

Saint-Père, déjà malade et préoccupé du maintien des États Pontificaux, ne puisse donner suite à l'humble pétition du Père Eymard. Mais celui-ci, discrètement, s'informa de la raison du délai et s'il pouvait faire quelque chose pour accélérer l'affaire. On lui répondit de se référer au cardinal en charge de ces questions ; ce qu'il fit. Le cardinal l'informa alors des raisons de l'ajournement : quelqu'un était venu porter des accusations contre lui. Le Père resta bouche bée. « *Quelle sorte d'accusation ?* » La question fut posée avec hésitation, non par crainte d'entendre la réponse, mais parce qu'il se refusait à croire que ce fût vrai.

Le cardinal répondit qu'on l'accusait d'avoir quitté les maristes sans autorisation et que sa communauté de Paris était attenante à un édifice où vivaient des dames catéchistes. Le Père protesta vivement et réfuta une à une les calomnies. Il fournit la documentation montrant que tout avait été fait correctement. Après avoir examiné les documents, le cardinal l'assura qu'il discuterait de la question avec le Saint-Père. On lui promit une solution rapide de cette malheureuse affaire. Entre-temps, l'accusateur fut dénoncé et dut s'excuser. Enfin, étant donné que rien n'avance très vite à Rome, le Père eut le temps de faire une retraite au monastère des passionnistes en attendant de recevoir une réponse à sa requête.

Enfin, le 10 juin 1863, il reçut le décret d'approbation si longtemps attendu, dont voici des extraits :

« Le susnommé prêtre Eymard... présenta à notre Saint-Père le Pape Pie IX ses prières afin qu'il daignât approuver la pieuse congrégation...

Sa sainteté approuve et confirme par le présent Décret cette même congrégation... comme Institut à vœux simples sous la conduite d'un Supérieur Général... remettant à un temps plus opportun l'approbation des Constitutions au sujet desquelles Sa Sainteté a demandé de faire quelques corrections.

Donné à Rome... le 3 juin 1863. »

La route avait été bien longue : les souffrances, le déchirement occasionné par son départ de la communauté mariste, l'extrême pauvreté, le manque de vocations et maintenant, à la dernière minute, ces accusations qui auraient pu tout compromettre. Mais, grâce à Dieu, c'était désormais du passé.

Avec le décret d'approbation en main et la gratitude au cœur, il s'empressa de partager sa joie avec le P. de Cuers qui eut alors une réaction bien inattendue. Après avoir scruté le document, il s'emporta violemment, puis, brandissant le document à la face du P. Eymard, le doigt sur son nom, il criait : *« Ce nom, pourquoi est-il là ? »*

Depuis toujours le P. de Cuers rejetait toute reconnaissance personnelle concernant la fondation de la Congrégation du Saint-Sacrement. Non pas qu'il s'offusquait de l'absence de son nom sur le document, mais il ne pouvait pas tolérer qu'on y glorifie qui que ce soit. Toute reconnaissance, selon lui, appartenait exclusivement au Seigneur et « Maître », ni à lui ni au Père Eymard.

Cet accès de colère blessa beaucoup le P. Eymard et leurs relations devinrent tendues. Les deux hommes étaient de tempéraments bien différents. Le P. de Cuers, avec sa formation de marin, trouvait sa sécurité dans un style de vie ordonné et très discipliné. Sa motivation était intense mais il était souvent étroit et simpliste dans son comportement. On raconte qu'il allait jusqu'à sortir de l'église à reculons quand le Saint-Sacrement était exposé, de façon à ne pas tourner le dos au Maître. Une autre fois, à Paris, le P. Eymard avait permis aux jeunes religieux de s'asseoir dans le sanctuaire pendant les prières. Quand le P. de Cuers vit les chaises posées là à cet effet, il les jeta lui-même hors du sanctuaire concluant que plus de discipline et d'austérité étaient requises. Leur relation tenait plus à un commun et profond attrait pour l'Eucharistie qu'à une amitié ou même à un complet accord sur la manière de faire connaître et aimer le Saint-Sacrement. En tout cas, cet incident n'améliora pas leurs relations qui déjà se détérioraient.

La meilleure conclusion à cet épisode sont peut-être ces mots écrits par le P. Eymard quelques mois plus tard : « *Nous voilà approuvés, mais non sanctifiés.* »

Les Constitutions

Le fossé entre le P. Eymard et le P. de Cuers allait s'élargir. À leur retour en France, tous les religieux furent réunis à Paris pour discuter ensemble. L'un des points à l'étude était l'admission de candidats laïcs comme frères dans la Congrégation. Le P. de Cuers disait que la Congrégation devait se

Saint-Bonnet-le-Froid

limiter strictement aux prêtres. Le P. Eymard, lui, préconisait l'admission des deux catégories. Après un temps de discussion, un vote secret fut pris et le résultat fut une majorité écrasante en faveur de l'admission des frères. Le P. de Cuers retourna à Marseille et le P. Eymard se mit à la composition du texte des Constitutions, tel que requis par Rome.

Mais avant de mettre la touche finale, le P. Eymard consulta les Règles d'autres groupes religieux, tels que les jésuites, les dominicains, les carmes et les bénédictins de Solesmes. Il se donna corps et âme à cette tâche et voyagea beaucoup afin d'obtenir les meilleurs avis possibles. Mais ces déplacements ruinèrent une santé déjà menacée. Il tomba malade et dut aller faire une cure. Ce qui ne l'empêcha pas de travailler, comme on peut le déduire de sa correspondance. De l'hôtel Bossuet où il logeait, il écrivait qu'il profitait de ce répit pour classer le résultat des recherches faites jusque-là. Son état de santé ne s'améliorant pas, il suivit le conseil du P. Chanuet et accepta d'aller passer quelque temps de repos au château de Saint-Bonnet-le-Froid, dans les montagnes aux environs de Lyon, chez le beau-frère du P. Chanuet.

Le 6 octobre 1863, il écrivit à la mère du P. Chanuet, expliquant combien il apprécie d'être au château. Il se compare « *à la caverne sacrée de saint Benoît, au mont Alverne de saint François, au Manrèse de saint Ignace* ». Le même jour, il écrit au Père de Cuers :

« *Me voilà dans la famille du P. Chanuet, la solitude la plus grande et la plus charmante, avec le Saint-Sacrement et une sainte famille : voilà ce que le bon Dieu m'a préparé pour me reposer un peu et travailler en paix ; j'ai déjà commencé et j'espère que Notre-Seigneur me continuera sa grâce. Je commence à retrouver le sommeil, ma toux diminue et mon pouls se régularise. Soyez donc sans inquiétude pour moi ; seulement priez et faites prier pour moi, pour que sur cette montagne je sois bien uni à Notre-Seigneur et écrive sous sa dictée.* »

Quelques jours plus tard, le 11 octobre, il lui écrit de nouveau ses commentaires sur sa santé et sur l'environnement magnifique qui l'entoure :

« *Je vais bien mieux ; le séjour ici a complété les eaux... Je suis dans un séjour parfait de paix, de solitude, de piété. Je travaille comme jamais je n'avais travaillé, avec facilité. J'avais besoin de ce temps, de ce calme ; j'espère que vous en bénirez le Seigneur avec moi. Je pense y rester jusqu'à ce que j'aie fini les Constitutions et le Directoire. J'en suis à moitié du travail, j'ai à mon service un bon secrétaire.* »

Résultat : six mois plus tard, le texte des Constitutions sortait de presse. Le P. Eymard en présenta une copie à chaque membre de la Congrégation en ces termes :

« *En attendant que nous sollicitions une approbation définitive, il faut que votre conduite l'approuve, cette Règle. L'Église veut voir si elle est praticable, si ce sont bien les vertus qu'exige notre vocation. Si vous ne la pratiquez pas, à quoi bon la faire approuver ! Nous ne disons pas qu'elle vient du ciel par une révélation particulière, ni par un miracle d'assistance de l'Esprit Saint. La pensée qui l'a conçue ne s'est inspirée que de ceci : Notre-Seigneur servi dans son sacrement d'amour par une société d'hommes qui se dévouent spécialement et totalement à son service.* »

Jérusalem

Le P. Eymard cherchait maintenant à établir une quatrième maison. Encouragé par l'appui du P. de Cuers, il se tourna vers Jérusalem. Quel meilleur endroit pour établir cette prochaine communauté que le Cénacle où Jésus avait rompu le pain avec ses disciples, en leur disant : « *Vous ferez cela en mémoire de Moi* » ?

Le 6 janvier 1864, le P. de Cuers, en compagnie d'un jeune étudiant en théologie du nom d'Albert

Tesnière, prit le bateau pour Jérusalem. Ils firent un arrêt à Rome pour obtenir des papiers d'introduction et ensuite reprirent leur voyage. Ni l'un ni l'autre ne réalisaient qu'il était tout à fait utopique d'espérer acheter le Cénacle. Il était entre les mains des musulmans qui le considéraient comme un lieu saint renfermant le tombeau de David. Dès qu'ils réalisèrent qu'il ne pouvait être question d'obtenir le Cénacle, ils envisagèrent d'acheter un terrain à proximité. Mais il leur fallait d'abord retourner à Rome pour obtenir la permission.

Une fois à Rome, le P. de Cuers, avec son franc-parler habituel, déclara qu'il espérait obtenir la permission d'acheter une propriété à Jérusalem pour établir une communauté près du Cénacle. La nouvelle fit le tour de Rome... même s'il n'y avait pas encore de service téléphonique !

Les franciscains, qui avaient des droits exclusifs sur les lieux saints, protestèrent pour sauvegarder leur position privilégiée à Jérusalem. Comme conséquence directe de leur intervention, le projet fut paralysé.

En novembre, le P. Eymard partit pour Rome négocier lui-même la fondation à Jérusalem. On fit peu de progrès. Les jours se changèrent en semaines et les semaines en mois. Finalement, le 29 mars 1865, il reçut une réponse définitive : il n'y aurait pas de fondation à Jérusalem. Le P. Eymard accepta la décision comme étant la volonté de Dieu, et repartit pour Paris dès le lendemain.

Retraite à Rome

C'est pendant ce séjour prolongé à Rome, en attendant une réponse sur la question de Jérusalem, que le P. Eymard profita de l'occasion pour faire une longue retraite au monastère des rédemptoristes, retraite qui dura de janvier à la fin mars. Celle-ci se révéla décisive pour sa vie spirituelle, tout comme la décision sur Jérusalem se révéla définitive pour cette fondation. Les notes des premiers jours révèlent la disposition intérieure du Père. Le but de cette retraite : « *Ne travailler qu'à ma sanctification personnelle.* »

Vers la fin de sa retraite, le P. Eymard fit à Dieu ce qu'il appelle le « *vœu de sa personnalité* ». Ce don de tout son être fut un acte de suprême abandon. Sa vie, le Père l'avait toujours offerte à Dieu, mais en pièces détachées : ses bonnes œuvres, son cœur, sa volonté et même ses faiblesses. Avec le « *don de soi* », il plaçait Dieu complètement et totalement en charge de toute sa vie et de toute sa personne. Ce don exigeait qu'il fasse place à l'Esprit Saint afin de se laisser transformer par la grâce. Désormais il se plaçait en les mains bienfaitrices de Dieu. Il comprit enfin que le progrès dans la sainteté dépend moins des efforts que nous faisons, si héroïques soient-ils, que de l'intensité et de la plénitude par lesquelles Dieu nous saisit et dirige notre vie.

Pendant des années il avait vécu comme si le progrès spirituel dépendait, sinon totalement, du moins en grande partie de la force de sa volonté. La discipline personnelle, pensait-il, était la preuve d'une forte volonté et par conséquent de la force de Dieu. Maintenant, il se rendait compte qu'il n'avait pratiquement rien d'autre à faire qu'à laisser à Dieu le gouvernail. Se laisser guider par sa propre volonté, c'était placer le salut entre ses propres mains, non entre celles de Dieu. Avec le « *don de soi* », il laissait à Dieu l'entière responsabilité de sa personne. Cette retraite fut un point tournant dans sa vie et lui donna une meilleure compréhension des complexités de son âme. Il fut en mesure de se libérer d'une préoccupation excessive pour sa force de volonté qui le poussait à agir et qu'il considérait comme un indicateur de son progrès spirituel.

Laissant à d'autres bateau et mal de mer, il revint de Rome en passant par le nord, via Turin.

III

« Le maçon qui meurt après avoir posé
les fondements d'un édifice colossal
est plus fondateur que
celui qui l'achève. »

Pierre-Julien Eymard,
1er novembre 1866.

8

Un voyage qui s'achève

« ... On reçoit la pluie du ciel. »

Première assemblée générale

Afin d'éviter les nuits d'insomnie et les journées de faiblesse qu'il endurait chaque fois qu'il prenait le bateau, le Père Eymard avait décidé de retourner au pays par voie de terre, mais ce ne fut pas sans inconvénient. Le parcours emprunté par la diligence était incroyablement cahoteux et poussiéreux. Après une brève visite à sa sœur, à La Mure, il arriva à Lyon complètement épuisé et se réfugia chez de bons amis, Mme Jordan et sa famille. Vers le milieu d'avril 1865, il était de retour à Paris après avoir été absent de sa communauté pendant plus de cinq mois pour cette affaire de Jérusalem. Le 22 de ce mois, il écrit :

« *Me voilà retombé dans ce monde de visites et d'affaires ; que Dieu en soit béni ! mais j'en suis triste un peu ; en arrivant j'ai pris la grippe qui m'a forcé de rester dans la maison tout en me traînant : c'était un repos de l'âme.* »

Ce qui pressait le plus, c'était de convoquer une assemblée (appelée *chapitre*) de tous les religieux profès de la Congrégation afin de terminer le texte des Constitutions et de procéder à l'élection du supérieur général. Il écrivit à chaque religieux pour le mettre au courant de cette réunion à la maison mère à Paris et lui en donner le programme.

Sa correspondance à cette époque nous donne un juste aperçu de ses dispositions d'âme à l'approche de cette assemblée historique. À la comtesse d'Andigné, il écrit :

« *Priez pour moi — le 3 juillet a lieu le Chapitre général de tous nos Pères pour l'élection du Supérieur — afin que l'on nomme bien celui qui sera agréable à Dieu. J'espère par là avoir ma liberté de cette grande charge et avoir le bonheur d'être simple religieux avec ma seule responsabilité, car voilà huit ans que je bataille. Un coin aux pieds de Notre-Seigneur et une bonne grâce de Madeleine feraient du bien à cette pauvre âme si agitée...* »

Dans une lettre au P. Chanuet il exprime des sentiments similaires :

« *Pendant les quatre années où s'est préparée la fondation (de la Congrégation), j'ai eu toutes les épreuves possibles. Voici la Société approuvée et en marche ; ma mission est finie. Je soupire après la solitude, le silence et la mort en la vie cachée de Notre-Seigneur au Saint-Sacrement.* »

À son collaborateur de longue date, le P. de Cuers, avec qui il avait voyagé depuis la fondation de la Congrégation, et dont l'amitié était aussi turbulente que les voyages en mer, il écrivait :

« Laissez-moi la consolation de pouvoir espérer mon titre de simple religieux, et avec lui un peu de solitude... À un autre maintenant de conduire la Société... Autre est le semeur, autre le moissonneur. Je vous demande donc comme la plus grande grâce et la plus grande preuve d'amitié de me mettre hors concours. J'obéirai à celui que vous aurez nommé comme au représentant de Jésus-Christ... »

Après trois jours de retraite préparatoire à ce chapitre général, le P. Eymard, malgré ses propres supplications et les protestations du P. de Cuers, fut élu supérieur à vie, recevant tous les votes... sauf un. Il était si sûr de ne pas être choisi que, lorsque les résultats furent annoncés, il demanda qu'on l'excuse, tellement il était ému de cette éclatante marque de confiance. Il se retira seul dans sa chambre pendant que les autres religieux se rendaient à la chapelle pour chanter un Te Deum d'action de grâce.

Résigné à ce qu'il percevait être la volonté de Dieu et le désir évident de ses confrères, il reprit le fardeau du soin et du développement de la Congrégation ; fardeau qu'il décrit à Marguerite Guillot comme « écrasant ».

En plus des affaires de la Congrégation, il était aussi préoccupé par sa sœur Marianne tombée gravement malade. Il lui écrit le 16 juillet 1865 :

« Vous êtes donc malade ! cette nouvelle m'a bien attristé. Je ne pouvais voler à La Mure vous voir parce que j'étais en Chapitre général depuis le 3 juillet... dix jours de suite où je n'avais pas un moment... J'ai bien prié Notre-Seigneur de vous soulager et guérir, car je n'ai

plus que vous sur la terre. Je sais bien que le ciel vaut mieux que cette pauvre vie... Je ne sais quand je pourrai être libre, j'espère cependant aller vous voir bientôt... »

Le 1er août, on le retrouve à La Mure. Il était auprès de sa sœur, dont les conditions s'étaient légèrement améliorées après qu'il eut fait un pèlerinage de trois jours à Notre-Dame-de-la-Salette à son intention. Il n'était pas sitôt revenu à Paris que l'état de sa sœur empira de nouveau. Aussi, dès qu'il fut capable de se libérer de son travail, il s'empressa de retourner à La Mure auprès d'elle. Dans une lettre à Marguerite Guillot, datée du 8 septembre 1865, il écrit :

« *Ce matin, j'ai dit la messe dans la chambre de ma sœur et je l'ai communiée ; elle en a été bienheureuse, et moi aussi. Cet après-midi elle a bien souffert et ce soir elle est accablée. Pauvre sœur ! Serait-ce une lueur de mieux pour nous consoler un moment ? Le Ciel semble la demander...* »

Trois jours plus tard, un lundi, il se rendit de nouveau au sanctuaire Notre-Dame-de-la-Salette prier Marie pour sa sœur. De là, il partit pour le sanctuaire de Notre-Dame du Laus et deux jours plus tard il écrit :

« *Nous étions au Laus, mercredi, quand ma sœur a failli mourir ; mais elle est revenue après une défaillance de trois heures...* »

Puis, cinq jours après :

« Ma sœur va mieux, sa toux a cessé à notre retour de Notre-Dame du Laus. Le soir, je lui ai mis de l'huile de la lampe du sanctuaire du Laus : elle a bien dormi. Depuis lors, le soir, je lui mets de l'huile sainte, et mêmes effets ; aussi, à la vue de cette grâce, a-t-elle promis d'aller remercier la Bonne Mère au Laus. Je pense pouvoir quitter ma sœur vers la fin de cette semaine. »

Sa sœur hors de danger, le P. Eymard revint à Paris pour reprendre les questions laissées en suspens et qui requéraient son attention.

Hors de France

Maintenant que la fondation à Jérusalem était devenue un rêve impossible, il se concentrait sur une demande faite depuis longtemps pour établir une communauté à Bruxelles. Il était allé en Belgique plusieurs fois en tournée de prédication et c'est au cours de ces visites qu'une dame aisée, Mme de Meeûs, lui demanda d'établir une communauté à Bruxelles. Il la rencontra en octobre 1865, au château d'un ami, à Ostrignies, pendant qu'il s'y reposait d'une attaque de choléra qui ravageait Paris à cette époque. À l'issue de leur rencontre, il fut convenu qu'une chapelle et quelques appartements adjacents seraient disponibles pour la communauté du Saint-Sacrement. Avec la bénédiction de l'archevêque, la première fondation hors de France fut établie à Bruxelles, le 2 février 1866, en la fête de la Présentation de Notre-Seigneur.

Le 6 du même mois, il écrit au P. de Cuers :

« Je viens vous donner de nos nouvelles; j'ai été si occupé que je n'ai pas eu un moment... Cette église était un peu désertée; puis, les Belges sont froids... Notre grande lutte a été de mettre de côté tous ces usages antiliturgiques belges et de nous mettre au pur Romain.

Nous donnons le Salut du Saint-Sacrement à 15 heures, parce que dans les paroisses on le donne à 16 heures et que notre curé nous ferait des misères si nous le donnions en même temps. Nous nous sommes mis à la bière, car le vin est cher ici; heureusement que le P. Champion nous a envoyé de son pays du vin de messe. Les finances sont bien petites... mais je n'ai voulu rien demander, ni à Mlle de Meeûs, ni à personne; jusqu'à présent, nous n'avons manqué de rien; mais j'ai une dette, c'est celle d'une partie de la literie et des chaises; ne pourriez-vous pas m'envoyer ce que vous avez mis en dépôt ?

Je reçois une lettre du frère François, par laquelle il me demande l'argent qu'il m'a remis en entrant pour venir, dit-il, embrasser sa mère avant sa mort; pauvre frère, il s'abuse bien. Je ne sais pas quelle somme il a donnée; c'est bien marqué à Paris, mais j'en ai pas les notes ici !

Voyez s'il est possible de le faire attendre jusqu'à mon retour... Mais l'embarras c'est que nous n'avons pas de cuisinier pour le remplacer à Marseille. Cela montre la nécessité d'avoir des frères qui dans chaque maison apprennent à faire la cuisine en cas de besoin; je vais les mettre à cela ici et à Paris. Nous avons été embarrassés un jour : j'ai été obligé de faire moi-même la cuisine, le fr. François avait une forte migraine. »

Dix jours plus tard, il écrit au P. Chanuet, le maître des novices, dans les mêmes termes :

« Merci des 200 francs; seulement il m'est bien triste au cœur de voir que vous avez pris sur votre nécessaire... Nos frères sont admirables de dévouement ! Quand le

frère François prend sa migraine, nous voilà tous cuisiniers et moi en tête... Nous faisons comme si nous étions 20, chaque frère sert deux messes, et ce que j'admire et bénis, pas un mot, pas un signe qu'on est trop chargé : voilà de vrais adorateurs ! Nous ne voyons personne, parce que nous sommes presque toujours avec le Bon Maître, sans jardin, sans vin, sans feu, sans confitures. Eh bien ! nous sommes plus heureux que vous tous : Notre-Seigneur double la ration de grâce. »

Ces lettres nous donnent une bonne idée des problèmes bien ordinaires et souvent terre à terre qu'il avait à régler : questions financières, problèmes de personnel, travaux d'entretien. Il était très soucieux qu'on veille à tout avec diligence. Mais parfois, il se sentait accablé et incapable de faire face à tant de détails. Il décrit ainsi sa situation à Mère Marguerite : « *Je tâche de faire comme quand il pleut et que l'on n'a pas de parapluie : on reçoit la pluie du ciel !* » Trempé, il le fut, au point d'y laisser sa santé. Si la volonté était prête à souffrir difficultés et privations pour établir cette nouvelle fondation, son corps, lui, ne suivait plus. Il tomba gravement malade, atteint par le zona, avec une forte fièvre.

« *Je vous écris encore tout souffrant* », disait-il dans une lettre du 1er mars. « *Je ne sais ce que j'ai si c'est la rougeole, mais je suis un peu sans courage depuis quelque temps.* »

Le 5 mars, au P. Chanuet :

« *Soyez tranquille sur moi ; j'ai repris aujourd'hui mon service eucharistique. Je ne sens plus la fièvre ; ma ceinture de feu commence à s'éteindre. Je ne savais pas pourquoi mes épaules me faisaient si mal la nuit depuis quelque temps... quand vendredi matin, je m'aperçois de ces gros boutons. Le médecin est venu ; j'ai fait ce qu'il m'a dit, je ne sors pas. Heureusement qu'il ne m'a pas ordonné le lit, car c'était me mettre en purgatoire... Ce qui m'a affaibli, c'est une purge qu'il m'a donnée... On m'avait effrayé : de la rougeole ou de la petite vérole ! Hier au soir, j'ai prêché : c'est vous dire que cela va mieux. J'ai ici quelque 100 francs qu'on m'a donnés et que nous avons ramassés pour les cierges.* »

Comme il se sentait mieux, il retourna à ses activités. Mais il les reprit trop tôt et avec trop d'ardeur. Il eut une rechute qui le cloua au lit et faillit l'emporter tant la fièvre était élevée. Mais une soudaine irruption de boutons fit baisser la fièvre, la maladie suivit ensuite son cours normal, et il guérit.

Le 2 avril, il envoie une lettre au P. de Cuers :

« *Je me suis vu mal pendant deux à trois heures et je pensais alors de vous faire venir... afin de vous embrasser une dernière fois... J'ai bien demandé à Dieu de me faire mourir, car ne suis-je pas un obstacle plutôt qu'un moyen ?... Mais,* dira-t-il à un autre correspondant, *le Bon Dieu n'a pas voulu de moi ; il me laisse pour faire un peu pénitence, et afin de ne pas rester si longtemps en Purgatoire...* »

Le reste de l'année, quand il n'était pas occupé par ses devoirs de communauté, il prêchait ou donnait des retraites, son apostolat de prédilection. À la fin avril, il était déjà parti prêcher à Gand à un groupe appelé Dames de l'Adoration. Le mois suivant, de retour à Paris, il prêchait au carmel de

Bergerac ; puis il donna une retraite à Mauron en juillet, suivie d'une autre à Angers en septembre ; ensuite il vint prêcher à Nemours après avoir fait son dernier pèlerinage à La Salette et au Laus. Entre ces engagements de prédication, il parcourut les banlieues immédiates de Paris dans l'espoir de trouver un lieu propice à l'établissement d'un noviciat. Il estimait que la maison de Paris était devenue trop distrayante pour procurer une formation adéquate, et le nombre de novices était tel que leur présence devenait un fardeau pour le reste de la communauté. Après bien des déceptions, il trouva une propriété à Saint-Maurice, à une courte distance en train de Paris.

Il communiqua la nouvelle de cet achat au P. de Cuers, dans une lettre datée du 28 juin :

« Je viens vous apprendre la nouvelle que nous avons acheté une maison et son clos à deux heures de Paris, sur le chemin de fer d'Orléans, à Saint-Maurice... C'est un coup de Providence, car nous y trouvons tout ce qu'il nous faut pour le noviciat et plus tard pour la maison solitaire : 5,75 acres de terrain, une maison en bon état et qui peut nous donner de suite 25 cellules, et une chapelle convenable. La propriété a été vendue au tribunal... au prix de 77 000 francs ; le bon P. Chanuet, toujours si dévoué, en fera les frais, du moins en grande partie. »

La maison ne pouvait être occupée immédiatement car elle nécessitait un certain nombre de réparations et de transformations. Comme le P. Eymard désirait avec impatience faire l'ouverture à Noël, il partit à Saint-Maurice donner un coup de main. Deux heures avant minuit, le 24 décembre, on le verra manier le marteau pour terminer l'autel. À minuit tout était prêt, et il célébra la messe avec quatorze novices. Mis à part un bref moment pendant la guerre de 1870, ce noviciat fonctionna jusqu'à l'expulsion de tous les religieux de France, en 1880. La propriété dut alors être vendue pour financer l'établissement d'un noviciat à Bruxelles.

À la même époque, le P. Eymard s'intéressa à un projet qu'il partageait avec l'abbé Dhé du diocèse de Paris : travailler à la réhabilitation des prêtres. Dans une lettre à cet abbé, il rappelle que déjà en 1855 il avait proposé un tel projet au Saint-Père qui avait accueilli l'idée favorablement : « *Cette pensée vient de Dieu, j'en suis convaincu, l'Église a besoin de ce secours; qu'on se hâte de l'établir.* » Le P. Eymard encourageait l'abbé Dhé à ne pas se laisser retarder par les éventuelles difficultés mais à mettre sa foi en la grâce de Dieu. Il joignait une copie de la pétition adressée au Pape et qui disait entre autre que lui et l'abbé Dhé « *avaient formé le dessein de se consacrer à l'œuvre de la réhabilitation des prêtres frappés de censures* ». Pour une raison ou pour une autre, ce projet ne fut jamais réalisé.

L'année 1867

La nouvelle année n'apporta aucun répit aux soins et soucis relatifs à la direction d'une Congrégation en expansion. Malgré un rythme de travail écrasant, le Père reprit son apostolat de la Première

Pierre-Julien Eymard
(d'après photographie authentique)

Communion et, de plus, assuma la tâche d'enseigner la théologie à trois jeunes religieux de la communauté. Il réussit aussi à s'occuper des questions concernant la vie de la communauté. Il écrit au début de janvier au P. de Cuers disant que quelques-uns sont malades et que le pauvre Frère E. a dû partir « *car il s'était mis à boire* ».

Quelques jours plus tard, il lui écrit de nouveau :

« *Je n'ai pas répondu à la demande que vous me faites d'un prêtre de plus, parce que je n'en ai pas. Le P. Champion me fait la même demande et je réponds de même ; dans un mois et demi, le frère Chave sera prêtre... Ayez un peu de patience.*

Pour la charge de supérieur, je désire que vous la continuiez ; cependant, si cette responsabilité augmente votre mal et vous ôte la paix, je ne veux certes pas tenir plus longtemps à mon sentiment... Priez pour moi, car j'ai à peine le temps de respirer. »

Au début du printemps, il était de nouveau à la recherche d'une maison à Paris. La communauté du faubourg Saint-Jacques venait de recevoir un avis d'expropriation, dans le cadre d'un projet d'élargissement des rues. On trouva, au 112 boulevard Montparnasse, une pension de famille abandonnée. N'ayant pas assez d'argent pour l'acheter, ils la louèrent jusqu'à l'arrivée des fonds provenant de l'expropriété. Les rénovations du nouvel édifice étaient à peine entamées quand l'équipe des démolisseurs se présenta au faubourg Saint-Jacques. C'est à la hâte qu'ils déménagèrent.

Après quelques jours, un soir le P. Eymard dit au Frère Albert : « *Prenez un panier, que nous allions chercher notre pauvre chat. Nous l'avons oublié et il doit avoir faim.* » Ils le trouvèrent parmi les décombres de ce qui avait été la première maison mère.

À la même époque, à Angers, après d'intenses tractations et trois mois de retard, l'évêque autorisa finalement la construction d'une nouvelle église pour leur usage dans son diocèse. Auparavant, l'évêque avait refusé l'autorisation d'utiliser un théâtre qu'ils avaient convenablement rénové et avait obligé les Pères à le démolir. L'emballement suscité par la perspective d'ouvrir une nouvelle église à Angers fut de courte durée car la construction fut interrompue faute de fonds. Le P. Eymard avait prévu couvrir les dépenses en retirant de l'argent investi chez l'éditeur de l'archidiocèse de Paris. Quand il voulut récupérer ses avoirs, il trouva cette maison d'édition en pleine faillite. Il écrivit au supérieur de la communauté d'Angers, le P. Audibert :

> « *Vous savez peut-être la catastrophe qui nous atteint : la faillite Leclerc. Nous avions là 67 000 francs et je comptais là-dessus pour vous ! Quelle épreuve : elle a paralysé ma plume comme ma joie ; car vous en souffrez... Vous voyez que les soucis ne manquent pas, mais le Bon Maître est là qui nous soutient.* »

Le désastre de cette faillite l'affecta grandement et mit en péril la sécurité financière de la Congrégation. Il avait à peine eu le temps de se remettre de ce coup dur, qu'il reçut une lettre de détresse de Marseille. Là-bas, la banque exigeait le remboursement complet d'un emprunt fait par la communauté pour l'achat de la propriété. Les intérêts avaient été payés pendant huit ans, et maintenant la banque réclamait le capital en entier. Ces questions financières urgentes et déprimantes occupaient de plus en plus le P. Eymard. Il écrira le 11 juin au supérieur de Marseille, le P. Leroyer : *« Ce n'est pas le moment de faire des dettes : Angers va nous coûter beaucoup, Paris n'a rien encore, Saint-Maurice n'est pas achevé de payer ! »*

Il y avait aussi le problème du fiasco de Nemours. La fondation de la communauté des sœurs de Nemours avait été établie sur des bases peu solides dès le début, et elle devint bientôt une aventure compliquée et décevante qui se termina avec la fermeture de la communauté. Cette affaire eut de sérieuses conséquences qui portèrent à discréditer la compétence du P. Eymard aux yeux de plusieurs évêques et lui fit perdre l'estime de quelques-uns de ses propres religieux.

Certaines de ces affaires financières finirent devant le tribunal, et même si elles s'arrangeaient d'une manière satisfaisante, cela épuisait son énergie physique. Le coup le plus terrible, cependant, lui vint du P. de Cuers qui, en été 1867, décida à nouveau de quitter la Congrégation ; cette fois, pour établir une maison de solitude où il n'y aurait pas de ministère apostolique. Son idée était d'organiser une communauté contemplative basée sur un modèle de vie religieuse monastique. Le P. Eymard contourna la difficulté en lui donnant pleine autorisation de suivre son attrait à titre personnel sans y engager la Congrégation. Avec trois compagnons, le P. de Cuers commença son expérience à Roquefavour, un endroit désert et sauvage. Ils vivaient pauvrement, souvent avec peu de nourriture et sans revenus financiers. Le petit groupe finit par se disperser et le P. de Cuers revint à la Congrégation, mais cette fois, son fidèle compagnon, le P. Eymard, n'était plus là pour l'accueillir. Le Père lui rendit visite en janvier 1868. Ils ne se reverraient plus.

À la fin de l'année 1867, l'unique consolation du P. Eymard, après une année vraiment stressante, était d'avoir établi une autre communauté à Bruxelles dans l'intention d'en faire une maison d'études théologiques.

L'année 1868

Au début de cette nouvelle année, il fut accablé par la grippe avec une forte fièvre. Aussitôt guéri, il reprit la route. Le 4 janvier, il prêchait une retraite à la communauté de Marseille et rendit visite au P. de Cuers à Roquefavour (leur dernière rencontre). Il se plaignit de migraines pendant tout son séjour dans le sud de la France. Il revint à Paris après avoir passé quelques jours à La Mure. À la mi-mars il était à Angers où il prêcha deux fois par jour, même s'il pouvait à peine se tenir debout. Vers la fin de ce mois, il était de nouveau à prêcher une autre retraite, cette fois à Gand, en Belgique. Finalement, il se donna un peu de temps et fit une retraite personnelle au noviciat de Saint-Maurice. Ses notes personnelles révèlent une âme angoissée. Il repassait les grands moments de sa vie :

« J'ai demandé à Notre-Seigneur la résurrection de ma grâce première — de mon état si peiné, si triste, si désolé depuis trois ans !

Notre-Seigneur m'a appelé à son service eucharistique malgré mon indignité. Il m'a choisi pour travailler à sa Société malgré mon incapacité et mon infirmité. Il m'a conduit de la mort et par la mort à la vie de la Société.
La mort à la Société de Marie, si pénible. La mort à la réception de l'Archevêque de Paris, après 13 jours d'agonie... La mort au personnel, quand abandonné, tout seul... La mort à Paris, quand le Cardinal voulait nous renvoyer... La mort par les sujets... La mort à Rome, lors du Décret... La mort la plus sensible : la séparation de mon premier compagnon... La mort à l'estime des évêques par Nemours... La mort de moi par les plus pénibles épreuves depuis le...

Ma vie spirituelle est languissante, malade, desséchée en moi, et depuis longtemps...

Quand les épreuves venaient du dehors ou du dedans, un quart d'heure devant le Saint-Sacrement me fortifiait, me rassérénait — et aujourd'hui, des heures me laissent le cœur brisé ! »

Il se réfugia dans la prière des saintes Écritures. Là, son âme était dévoilée et nourrie.

« Le fond de mon cœur attend Dieu : De profundis clamavi (Ps 129), voilà la vérité... Mon âme souffre du silence de Notre-Seigneur ; ce silence si prolongé la désole, et la fait fuir son intérieur — cet intérieur se dessèche... »

C'est dans cet état de sécheresse spirituelle qu'il entreprendra un mois de mai très chargé. Une retraite aux frères de Saint-Vincent-de-Paul à Paris, la prédication de Quarante-Heures et un dernier sermon de charité à Notre-Dame des Victoires en faveur de son apostolat privilégié, l'Œuvre de la Première Communion ; total recueilli : 450 francs ! En juin, il revient à Angers pour poser la première pierre de la nouvelle église.

Ce tourbillon d'activités eut finalement raison de son pauvre organisme.

Le 17 juillet, il partit pour Vichy sur ordre du médecin, prendre un peu de repos. Datant de l'époque romaine, le SPA de Vichy était renommé pour les bienfaits de son eau pour les problèmes de digestion et du foie. Il décida d'y rencontrer Mère Marguerite, sérieusement malade elle aussi et qui avait besoin d'être soignée. Quelques jours plus tôt, il avait eu une forte crise qui le laissa presque paralysé du bras gauche avec deux doigts enflés.

De Vichy, il écrit à ses sœurs :

« J'espère vous arriver vers la fin de cette semaine. Je suis venu voir ici la Mère Guillot... Je dois aller à Lyon et j'irai jusqu'à La Mure pour remercier Dieu et Notre-Dame de la Salette de vous avoir guéri, car votre maladie m'avait bien inquiété... Je suis très content de pouvoir aller vous voir ; je ne m'attendais pas à cette faveur du Bon Dieu, car j'ai tant de choses qui me retiennent à Paris ! »

Cette lettre, datée du 19 juillet, allait être la dernière à ses sœurs.

Même s'il souffrait de goutte rhumatismale et de sciatique, rien dans sa correspondance à ses propres religieux ne trahissait le sérieux de son état, même si en février il avait dû s'aliter à cause de douleurs à l'estomac. Sa lettre au P. Stafford, écrite de Vichy le même jour, ne dévoile rien :

« Me voici ici, le médecin ne veut pas que je prenne les eaux pour mon rhumatisme goutteux, mais bien d'aller dans nos montagnes. Je vais partir demain ou après-demain pour La Mure. Je vois par plusieurs lettres du Frère Aimé que sa tête est malade. Ce qu'il y a de meilleur à faire, c'est de nous l'envoyer à Paris... J'ai donné des ordres au P. Crépon pour cela... Adieu, cher Père ; priez pour moi ; je vais tâcher d'aller faire ma retraite à Notre-Dame du Laus, mon pèlerinage de grâce, si mon rhumatisme me laisse un peu la paix... P.S. Mlle Guillot est ici, bien souffrante, obligée de suspendre son traitement ; elle est bien malade... »

Pour ses propres religieux, tout semblait aller comme d'habitude. Cependant, dans sa correspondance à des laïcs, amis intimes de longue date, il était assez franc et honnête au sujet de son état. En mars il avait écrit à la comtesse d'Andigné : *« J'ai cru un peu que l'aiguille de ma vie allait s'arrêter. Dieu ne m'a pas trouvé prêt, et c'est vrai ; que de fautes à réparer ! que de devoirs à bien faire ! »*

Son état d'âme allait de pair avec sa condition physique. En avril, il écrit à une autre personne : *« Priez bien pour moi : j'en ai un immense besoin ! La tristesse gagne mon âme, avec les désolations ; heureusement, cela ne paraît pas... »*

À Vichy, le lundi 20 juillet, il célébra la fête de Mère Marguerite par un repas à l'hôtel Barre en compagnie de Mme Gourd et de sa fille Stéphanie, toutes deux bienfaitrices depuis toujours. Plus tard, en se rappelant l'événement, Mère Marguerite disait qu'il était demeuré plutôt silencieux tout au long du repas et qu'à quatorze heures, il leur fit ses adieux : « *Je ne veux pas tomber malade ici, il vaut mieux que je parte.* » Il ne devait plus les revoir.

9

L'aboutissement du voyage

« C'est le temps pour moi de partir. »

Les derniers jours

Après avoir passé la nuit dans un hôtel près de la gare de Lyon, le P. Eymard prit le train du matin pour Grenoble. Il était parti sans manger, car il voulait célébrer la messe à son arrivée à la chapelle des Pères de La Salette. Heureusement, comme il sortait de la gare de Grenoble, il rencontra un vieil ami d'enfance, le Père Bard, prêtre diocésain, qui l'accompagna jusqu'à la chapelle, après avoir retenu une place sur la diligence pour La Mure. En la présence du supérieur de La Salette, il célébra la messe, non sans difficulté, et on le persuada de se reposer avant de monter en diligence. Le chapelain lui offrit un verre de chartreuse pour lui redonner un peu de force en vue du voyage. Il était environ treize heures trente quand il quitta la chapelle.

Son ami l'accompagna une partie du voyage, jusqu'à sa propre paroisse. Il lui fit alors ses adieux tout en recommandant au cocher de conduire doucement pour ne pas empirer l'état pitoyable du Père Eymard. Il fallait parcourir encore trente kilomètres durant les heures les plus chaudes de la journée, et la chaleur du mois de juillet était insupportable ! Le Père arriva en début de soirée totalement épuisé. Ces cinq à six heures de diligence l'avaient physiquement exténué. Ses sœurs racontent qu'il les salua sans un mot, les devança à la maison, manteau et parapluie sur le bras. Il monta à sa chambre et fit signe qu'il voulait écrire. De ce qu'il griffonna, seulement la date et la signature étaient lisibles.

Le jour suivant révéla la vraie nature de la maladie. Ce matin-là, quand sa sœur vint lui dire bonjour, il était incapable de lui répondre. Sa bouche était complètement difforme. Le Père avait fait une congestion cérébrale le laissant à demi paralysé, incapable d'écrire ou de parler. Il demeura dans cet état durant cinq jours. Le lundi 27, il s'assit pour prendre un peu de bouillon. Les jours suivants, cependant, n'apportèrent aucune amélioration. Il devint de plus en plus faible, respirant péniblement, et la nuit du vendredi fut difficile. Le matin, la messe fut célébrée dans sa chambre et il reçut la sainte communion. Vers midi, tous s'assemblèrent pour réciter les prières des mourants. Le P. Eymard suivit les prières mais il était incapable de formuler les réponses. Vers quatorze heures trente, sa tête glissa doucement de côté : il expira. C'était la fête de saint Pierre-aux-Liens, son patron. Il n'avait que cinquante-sept ans.

Aussitôt que la nouvelle fut connue, les gens de La Mure s'empressèrent de venir voir *le Père Julien*, comme on continuait de l'appeler dans son village. Ils venaient pour prier mais aussi pour toucher son corps avec chapelets et objets de piété. Cette procession de pèlerins se poursuivit jusqu'à la nuit.

Le jour suivant, vu la chaleur suffocante des pièces à l'étage, le médecin suggéra que la dépouille soit descendue au rez-de-chaussée, le corps était revêtu de l'aube blanche et d'une étole. À dix-sept heures, une douzaine de prêtres vinrent faire la levée du corps qui fut porté dans cette même rue où Julien, enfant, avait distribué l'huile. Au cimetière, les habitants de La Mure étaient là pour enterrer *leur saint*, comme on ne cessait de le répéter. Il demeura inhumé près de l'église paroissiale jusqu'à ce que les religieux de sa Congrégation le réclament, et le ramènent à Paris.

Conclusion

En cheminant aujourd'hui

« Le point de départ c'est le Cénacle. »

Le P. Eymard était un homme profondément motivé et d'une énergie intense. Même si sa vie a été relativement brève, le chemin qui l'a ramené à La Mure, où enfant il allait par les rues avec la cloche pour annoncer la messe, a été long et pénible. Sa vie entière fut une série d'aventures toujours plus exigeantes, pleine de sacrifices, mais qui le conduisit progressivement à une compréhension plus riche de sa vocation eucharistique. Petit à petit, il en vint à saisir la puissance de ce sacrement dans la vie chrétienne. Chaque étape de sa vie semble l'avoir conduit vers ce but. Même s'il nous quitta avant d'avoir complètement incarné sa vision, il établit cependant de solides fondations sur lesquelles bâtir l'avenir. Sa vie et ses œuvres parlent aussi fort que ses paroles :

« *Je sens que tous les chemins par où la bonté de Dieu m'a fait passer n'étaient qu'une préparation pour cette vocation si belle et si sainte; aussi je ne cesse de remercier Dieu d'avoir été chez les bons Pères maristes et d'avoir été vicaire et curé... »*

Le P. Eymard était clair quant au but de sa Congrégation. Voilà pourquoi il s'était toujours refusé à tout projet de fusion avec d'autres communautés qui manifestaient une vision limitée de l'Eucharistie. Et, pour cette même raison, il s'opposait à une orientation purement contemplative de sa congrégation. Le texte de la supplique adressée au pape Pie IX, en 1855, était sans équivoque :

« La Société du T.S. Sacrement ne se bornerait pas à une mission de prière et de contemplation ; elle se dévouerait apostoliquement au salut des âmes en prenant tous les moyens que peut inspirer un zèle sage et éclairé et la divine charité de Jésus-Christ... »

Le 15 décembre 1867, six mois avant sa mort, le P. Eymard s'adressait à sa communauté de Paris, au sujet de la préférence apostolique de la Société du Saint-Sacrement :

« La Société a deux œuvres de zèle spéciales pour le moment. Celles-ci sont incluses dans le décret d'approbation : la Première Communion des enfants pauvres et l'Œuvre de la sanctification des prêtres. »

Un peu plus tôt, la même année, il leur avait donné cette consigne : « Il faut rester parmi les pauvres. »

Sa vision de l'Eucharistie était remarquablement vaste, pour l'époque. Au siècle dernier, en effet, on concevait le Saint-Sacrement, surtout d'après la religion populaire en France, comme Jésus prisonnier du tabernacle qu'il fallait placer sur le trône, afin de recevoir l'hommage et la réparation pour les péchés d'une société corrompue. En France, cette nécessité de placer le Saint-Sacrement sur un trône royal avait des sous-entendus politiques ; la royauté et ses privilèges avaient été rejetés par la révolution, mais un résidu considérable du sentiment royaliste demeurait vivant dans l'imagination des catholiques. Le P. Eymard, qui était allé dans le même sens au début, en arriva cependant à affirmer :

« Il faut surtout relever ce trône dans les âmes... Le vrai temple, le vrai tabernacle, le trône du Roi, c'est l'âme humaine où doit s'organiser le service intérieur... »

Sans aucun doute, le P. Eymard a été, dans une certaine mesure, inspiré par les mouvements eucharistiques alors si populaires. Mais son charisme lui permit de comprendre plus profondément que nul autre à son époque — même si ce ne fut pas complètement — quelques-unes des implications de l'Eucharistie dans la vie chrétienne. N'oublions pas qu'une spiritualité eucharistique n'allait se développer pleinement que cent ans plus tard, au concile Vatican II.

Une des dernières pensées, parmi les plus belles, du P. Eymard est exprimée dans cette lettre :

« La fin que nous nous proposons, c'est d'honorer Notre-Seigneur Jésus-Christ au T.S. Sacrement par les quatre fins du sacrifice : l'adoration, l'action de grâces, la réparation et la supplication, ou mission perpétuelle de

la prière. Nous prenons tout le Saint-Sacrement. *C'est ce qui a fait que je n'ai pu accepter l'idée seule de la réparation, [...] et la vie exclusivement contemplative. Nous, nous voulons non seulement adorer, servir, aimer Jésus-Eucharistie, mais surtout le faire connaître, adorer, servir et aimer de tous les cœurs...* »

Pour des raisons historiques, dont la principale fut la disparition prématurée du fondateur, les deux Congrégations du P. Eymard prirent une orientation très contemplative, même cloîtrée ou monastique, qui dura jusqu'à l'époque actuelle. Cependant, grâce au renouveau de la vie religieuse demandé par l'Église, les disciples spirituels du P. Eymard ont pu renouveler leur compréhension du charisme de leur fondateur. Évidemment, le Père Eymard ne pouvait pas entrevoir toutes les implications que la théologie contemporaine a pu offrir à l'Église. Cependant toute sa vie s'est écoulée, selon les grâces que le Seigneur lui a données, entre le prie-Dieu, la chaire et le soin des fidèles, en particulier des plus pauvres. L'Eucharistie pour lui était toujours nouvelle parce qu'elle était la source de la vie de l'Église, et le pain partagé en nourriture dans la Communion aussi bien qu'adoré dans une prière contemplative.

La vie apostolique si active du P. Eymard offre un modèle convaincant et un témoignage durable de son héritage spirituel. Autant sa prière était essentielle à sa vie intérieure, autant son apostolat était vital pour sa vie sacerdotale. Si la prière était la chaleur du feu, son zèle en était la flamme.

Aujourd'hui, ce feu, avec sa chaleur et sa flamme, continue d'embraser le monde puisque les fils et les filles de saint Pierre-Julien continuent sa mission en offrant aux chrétiens une spiritualité eucharistique. L'Eucharistie est nourriture pour notre route, pain rompu pour la vie du monde, appel à la justice et à l'unité, repas de communion pour construire le Corps du Christ, l'Église. L'Eucharistie est le Pain de Vie, la Cène du Seigneur, où chacun est invité à renouveler le geste du Maître, en se lavant les pieds mutuellement dans une vie d'adoration et de service. L'Eucharistie est le cœur des disciples de Jésus.

« *Saint Pierre-Julien a perçu quelle force de renouvellement l'Eucharistie constitue pour l'Église et la société.* » (Règle de Vie de la Congrégation du Saint-Sacrement.)

Le père Eymard. Vitrail de Paul Montfollet
Chapelle du Calvaire. Saint-Romans (Isère)

Pensées choisies de saint Pierre-Julien Eymard

La prière

« Voulons-nous bien prier ? Prions avec le Saint-Esprit. C'est surtout dans l'adoration qu'il faut se mettre sous la direction du Saint-Esprit, parce que lui seul en est le Maître. »

« L'amour est contemplatif de sa nature... cette contemplation eucharistique est plus active que passive, c'est l'âme se donnant sans cesse à Dieu, sous l'impulsion toujours nouvelle et délicieuse de sa bonté, sous l'action toujours croissante des flammes de son amour... »

« Chaque corps religieux a une forme d'oraison, nous une forme adoratrice, comme son objet eucharistique : nous avons adopté celle de l'Église dans le saint Sacrifice ; elle doit nous suffire. »

« À la messe, Jésus-Christ s'offre lui-même à son Père, il l'adore, le remercie, lui demande pardon, et le prie pour le bien de l'Église, de chacun de nous, spécialement des pauvres pécheurs. Unissons-nous à

Notre-Seigneur ; prions comme il l'a fait avec ces quatre attitudes exprimées dans l'Eucharistie. »

« Le Saint-Esprit prie en nous et pour nous... On pourra vous donner des méthodes, des règles de prière, le Saint-Esprit seul pourra vous donner l'onction et le bonheur... La meilleure de toutes les méthodes est celle qu'inspire l'amour. »

« Il est très utile de suivre l'esprit de l'Église et adapter ses méditations aux caractères religieux des fêtes de l'année. »

Sacerdoce

« Je laisserais tout pour les prêtres. »

Vie chrétienne — Sainteté

« Vivez du jour au jour... Il y a une grande loi de sainteté toujours vraie, toujours bonne et toujours puissante en œuvres : c'est la loi de la sainte volonté de Dieu sur nous. Dans cette divine volonté actuelle et personnelle se trouve la grâce spéciale qui nous sanctifie, et cette grâce spéciale est attachée à chaque heure, à chaque action ; passée l'heure, le temps de l'action, cette grâce est finie. »

« Devenez une sainte ! c'est temps ; et pour devenir une grande sainte, soyez une âme d'oraison et de générosité, car l'essentiel est de le vouloir et de le poursuivre. »

« Le disciple de Jésus-Christ peut arriver à la perfection chrétienne par deux voies. La première, c'est la loi du devoir, longue et pénible ; peu y arrivent. La seconde voie est plus courte et plus noble, c'est celle de l'amour, mais de l'amour souverain. »

« La société se meurt parce qu'elle n'a plus de centre de vérité et de charité, plus de famille. Chacun s'isole, se concentre, veut se suffire ; la dissolution est imminente. Mais la société renaîtra pleine de vigueur quand tous ses membres viendront se réunir autour de l'Emmanuel. Les rapports se reformeront tout naturellement sous une vérité commune ; les liens de l'amitié vraie et forte se renoueront sous l'action d'un même amour ; ce sera le retour aux beaux jours du Cénacle. »

Cénacle

« Je suis persuadé que je contenterais la piété des chrétiens, si je leur montrais le Cénacle... »

« Entrons au Cénacle, la première église de la loi nouvelle. C'est là que le Verbe Incarné bâtit sa maison mystique et la soutient de sept colonnes qui sont les sept sacrements ; c'est là qu'il dresse sa table et veut que ses disciples mangent avec lui... »

« Notre-Seigneur part du Cénacle. L'évangéliste dit qu'il partit après avoir mangé. Il fit la Cène avec eux ; c'est l'ami qui partage une dernière fois le pain ; c'est le repas de l'amour... On ne quitte pas un ami sans un festin d'amitié. En donnant son pain, il donne sa vie ! »

La mort

« Plus les années se multiplient, plus elles affaiblissent la nature : c'est la mort par degré, il faut s'y résigner ! Mais heureusement que le cœur ne vieillit pas : il se rajeunit, au contraire, en héritant de ce que les autres facultés perdent. »

Sainte communion

« Allez toujours à la sainte communion : c'est la vie et votre unique vertu. Je dis unique, car c'est Jésus se formant en vous. Regardez la sainte communion comme un pur don de la miséricordieuse bonté de Dieu, une invitation à sa table de grâce, parce que vous êtes pauvre, faible et souffrante ; alors vous irez avec joie. »

« Vous venez à la communion pour devenir saints et non parce que vous l'êtes. »

« L'Eucharistie est la vie des peuples. Elle leur donne un centre de vie. Tous peuvent se rencontrer sans barrière de race, ni de langue. Elle leur donne une loi de vie, celle de la charité dont elle est la source ; elle forme ainsi entre eux un lien commun, une parenté chrétienne. Tous mangent le même pain, tous sont convives de Jésus-Christ, qui crée entre eux surnaturellement une sympathie de mœurs fraternelles. »

« Vous, mes sœurs, qui est-ce qui vous rend honorables dans le christianisme, alors que partout ailleurs vous n'êtes que des esclaves et des machines à l'usage de l'homme ? La communion, où vous avez le droit de venir comme l'homme. La communion qui honore vos corps et les rend participants du Verbe fait chair. Vous pouvez venir à la table sainte sans la permission de vos maris. Vous avez de par Dieu le droit de vous asseoir à ce banquet céleste. »

Les pauvres

« Demain commence la retraite des pauvres chiffonniers. Dieu nous a donné la grâce d'avoir la dernière des œuvres de charité : ce sont les sauvages de la civilisation. On leur apprend Dieu et eux-mêmes... Quelle œuvre ! je ne la donnerais pas pour des œuvres princières. Ce sont les petits princes de l'Eucharistie : ce jour-là, ils commencent à vivre leur vraie vie. »

Amour

« Dieu m'a créé dans son amour. Il m'a aimé de toute éternité en lui-même... puis, dans le temps, il a créé de son souffle mon âme, il l'a créée à son image et ressemblance, comme le fruit de son amour même. »

« Jésus m'a aimé le premier, alors que je ne l'aimais pas. Jésus m'aime personnellement comme s'il n'avait que moi au monde, d'un amour de tendresse, d'un amour généreux, d'un amour inconditionnel, d'un amour de passion. »

« Nous vieillissons et nous avons encore beaucoup de chemin à faire ; il faut prendre le plus court, celui de l'amour qui donne tout sans intérêts. »

« La force jaillit de l'amour : aimez donc bien. L'amour sort du foyer de l'oraison : soyez avant tout une fille d'oraison, mais d'une oraison vôtre, affectueuse, recueillie, qui goûte Dieu, se nourrit de Dieu. »

Jésus

« Vous allez maintenant, un peu plus seule, être plus à Jésus au désert, là où il parle à voix basse, parce que les secrets du cœur se disent ainsi à ceux qu'on aime comme soi-même. »

« Ce qui est mieux, ce qui est plus nourrissant et vivifiant, c'est l'esprit de Jésus en nous, c'est le dégagement de tout, c'est de vivre en lui et pour lui. »

« Jésus était une mère. Après nous avoir enfantés, il voulait nous allaiter, nous élever, nous voir grandir... Son amour est personnel. »

« Jésus est le père qui a dressé la table de famille. La fraternité chrétienne a été promulguée à la Cène avec la paternité de Jésus-Christ ; il appelle ses apôtres, mes petits enfants... À la sainte table, tous sont des enfants qui reçoivent la même nourriture. »

« Voilà notre force et notre joie : grâce à l'Eucharistie, les chrétiens célèbrent un festin où tous, sans jalousie ni distinction, participent à la même table divine et boivent à la même coupe céleste. C'est la riante fête de la fraternité que nous pouvons faire durer toujours. Que Jésus-Christ soit donc loué d'avoir laissé à son Épouse, non pas un portrait, mais tout lui-même ! Sachons apprécier et goûter cet aliment. »

« Interpellé par l'ignorance et l'indifférence religieuses, saint Pierre-Julien Eymard a cherché la réponse aux besoins de son temps. Il l'a trouvée dans l'amour de Dieu manifesté de façon spéciale dans le don du Christ en son Eucharistie. Il a été saisi par cet amour et il l'a révélé à ses contemporains. » (Règle de Vie de la Congrégation du Saint-Sacrement.)

Dates importantes

1811	4 février	Naissance à La Mure (France)
1834	20 juillet	Ordination sacerdotale par le diocèse de Grenoble
1839	août	Entrée au noviciat mariste à Lyon
1851	21 janvier	Grâce spéciale à Notre-Dame de Fourvière
1856	13 mai	Les évêques à Paris confirment son charisme de fondateur
1863	8 mai	Approbation de la Congrégation par Rome
1865	6 juillet	Élu supérieur général à vie
1868	1er août	Meurt à 57 ans, à La Mure
1925	12 juillet	Béatifié par Pie XI
1962	9 décembre	Canonisé par Jean XXIII

Prière
à saint Pierre-Julien

Saint Pierre-Julien, le Seigneur t'a donné,
comme autrefois à son serviteur Jacob,
une foi toujours en cheminement.

Toute ta vie, tu as cherché le moyen d'approfondir ton union à Dieu
et d'apaiser les faims de l'humanité.

Tu as découvert dans l'Eucharistie, la réponse à tes recherches :
l'amour de Dieu était là pour toi,
et pour toute l'humanité.

En retour de cet amour gratuit,
tu as fait le don de toi-même à Dieu
et tu t'es dépensé sans compter au service de son peuple.

Ta vie, modelée sur celle du Cénacle,
où Marie et les apôtres se réunissaient pour prier,
a inspiré à tes disciples à vivre dans un climat de prière.

Leur zèle apostolique les mena à construire des communautés chrétiennes
où l'Eucharistie demeure la source et le centre de leur vie.

Saint Pierre-Julien, accompagne-nous dans notre cheminement de foi ;
que notre prière, toujours plus fervente,
et notre service, toujours plus généreux,
nous permettent de participer à l'établissement d'un monde
toujours plus juste pour que règne la paix.

Puissent nos célébrations de l'Eucharistie
proclamer l'amour libérateur de Dieu
pour le renouveau de l'Église et la venue de son Royaume.

Amen.

Table

Achevé d'imprimer le 8 novembre 1995
dans les ateliers de Normandie Roto Impression s.a.
61250 Lonrai
pour le compte des Éditions Desclée de Brouwer
N° d'imprimeur : I5-1946
Dépôt légal : novembre 1995

Imprimé en France